Michael Krauß

Die getarnte Sommerfelddienstbekleidung der DDR 1956 – 1990

Band 1

Felddienstbekleidung von 1956 bis 1964/65

KRAUß & SONSTKEINER

Bibliografische Information der Deutschen Nationalbibliothek: Die Deutsche Nationalbibliothek verzeichnet diese Publikation in der Deutschen Nationalbibliografie; detaillierte bibliografische Daten sind im Internet über dnb.dnb.de abrufbar.

Alle Rechte, auch die des auszugsweisen Nachdrucks, der fotomechanischen Wiedergabe und der Übersetzung, vorbehalten. Rechte und Lizenzen von Abbildungen und Texten, die ggf. der freien Dokumentation unterliegen, sind unter den dort gültigen Bedingungen zu beachten.

Layout: Michael Krauß, Kloster Lehnin
E-Mail: mchk807@aol.com
Band 1 von insgesamt 4 Bänden

© 2016 Michael Krauß
Herstellung und Verlag: BoD – Books on Demand, Norderstedt.

ISBN 9783741282232

Inhalt	Seite
Vorwort	4
Erklärung	5
Einleitung	6
Das DDR-Amöbentarnmuster	**10**
Schlupfanzug	10
Zeltplane/ Umhang	13
Systematik der getarnten DDR-Sommer-Felddienstbekleidung	16
Das DDR-Flächentarnmuster	**17**
Uniformtrageversuch zur Einführung des Kampfanzuges im Flächentarndruck 1957	20
Kampfanzug Flächentarndruck 1958	26
Grau effektierte Dienstuniform 1959 – 1964	34
Kampfanzug Flächentarndruck 1959	37
Kampfanzug Flächentarndruck 1960	42
Kampfanzug Flächentarndruck 1961	50
Kampfanzug Flächentarndruck 1962	58
Jacke des Uniformtrageversuches im Flächentarndruck 1962	64
Kampfanzug Flächentarndruck 1963	66
FD-Jacke 1963 umgearbeitet	72
Kampfanzug Flächentarndruck 1964 mit separatem Stahlhelmtarnbezug	74
FD-Jacke Flächentarndruck 1964 schwarz eingefärbt	81
Kampfanzug Flächentarndruck 1963/ 1964 „Zwischenlösung Kragenserie" mit Stahlhelmtarnbezug (Beginn der Kragenserie)	84
Kampfanzug für Fallschirmjäger und Aufklärer Flächentarndruck 1964	95
Kampfanzug Flächentarndruck 1965 „Zwischenlösung Kragenserie" mit Stahlhelmtarnbezug	103
„Kampfanzug 64" Flächentarndruck 1965 mit Stahlhelmtarnbezug	110
„Kampfanzug 64 für Fallschirmjäger und Aufklärer" Flächentarndruck 1965 und KM 66	117

Vorwort

In letzter Zeit sind zahlreiche Hinweise und Aufforderungen aus dem Kreis der Sammler von Uniformen und Ausrüstungsgegenständen der ehemaligen bewaffneten Organe der DDR an mich ergangen, neben meiner Internetseite „flächentarn-krauß" auch die Erstellung eines Buches zu wagen.

Mein vordergründiges Anliegen bestand nun darin, die Entwicklung der tarngemusterten Felddienstbekleidung (Sommer) der bewaffneten Organe der DDR von etwa 1956 bis 1990 darzustellen. Die dazu gehörende Dienst-/ Drillichuniform, Bewaffnung, Ausrüstung und Gerät wird ebenfalls grob mit angerissen. Ich bin mir sicher, nicht alle Punkte dieses sehr umfangreichen Themas erfasst zu haben. Ergänzungen, Berichtigungen und Hinweise werden daher unvermeidlich sein.

Ich war bemüht, die frühen Stücke bis etwa 1971 ausführlicher abzuhandeln. Die danach folgende Felddienstbekleidung der 70er und 80er Jahre sowie des Uniformtrageversuches 85-90 habe ich zusammenfassend gekürzt. Ich habe die Felddienstbekleidung in der Reihenfolge der Herstellungsjahre abgebildet, wobei im gleichen Zeitraum die Stücke im Flächentarnmuster vor denen im Strichtarnmuster erscheinen. _Flächentarnmuster und Strichtarnmuster überschneiden sich also in der Darstellung._ Die Felddienstbekleidung der Fallschirmjäger/ Aufklärer, der weiblichen NVA-Angehörigen und die der Generale reihen sich in etwa zeitlich mit in die Darstellung der herkömmliche Felddienstbekleidung ein.

Dass sogar bei bewaffneten Kräften wie der Transportpolizei und der Zollverwaltung oder Organisationen wie der GST getarnte Felddienstbekleidung verwendet wurde, zeigt den hohen Grad der Militarisierung der ehemaligen DDR während der Zeit des kalten Krieges. Immerhin waren bei den Kompanien der Transportpolizei auch Schützenpanzerwagen vom Typ PSH (Gerät 150) im Bestand.

Die Winterfelddienstbekleidung, die Sonderbekleidung der Panzerbesatzungen, der Luftstreitkräfte und der Volksmarine, die Felddienstbekleidung der Betriebs-Kampfgruppen, die Ausbildungsbekleidung der ZV der DDR und der GST werden in diesem Buch nicht bzw. nicht näher dargestellt.

Ein herzliches Dankeschön ergeht an dieser Stelle an alle, ohne deren Mithilfe dieses Buch nicht möglich gewesen wäre: Christian Dreher, Manfred Fleischmann aus Werder (Havel), Denis Friebe, Martin Friedemann aus dem Erzgebirge, Ralf Göldner aus Claußnitz, Andreas Hausdorf aus Potsdam, Wolfgang Haß aus Potsdam, Lutz Heidel aus Mülsen, Michael Hofmann, Mike Hogh, Joachim Hörcher Kloster Lehnin, Kay-Michael Kaulfersch aus Berlin, Gerhard Leutert aus Potsdam, Mario Liebsch aus Lübben, Matthias Leyer aus Potsdam, Manuel Leyva aus Ostwestfalen-Lippe, Mario Ludwig, Paul Müller, Steffen Schäfer aus Cottbus, Karl Schulz (†) aus Werder (Havel), an Harry (†) und Mario Skutnik aus Berlin, Stefan Wetzel aus Groß Kreutz, Larry X. aus den USA, und nicht zuletzt an die Macher von „www.flaechentarn.de", deren Super-Seite zu diesem Thema in Ermangelung anderweitiger Nachschlageliteratur und sehr geringer Quellenlage heute sicher schon als Internet-Standard-Lexikon in Sachen DDR-Felddienstbekleidung gelten dürfte.

Michael Krauß im September 2016

Erklärung

Ich erkläre hiermit, dass die in meiner hier vorliegenden Forschung dargestellten personenbezogenen Daten, die derzeit ggf. noch datenschutzrechtlichen Bestimmungen unterliegen, von mir nur zum Zweck der wissenschaftlichen Geschichtsforschung erstellt wurden und auch ausschließlich nur zu diesen Zwecken verwendet werden dürfen. Eine anderweitige Weitergabe, Speicherung, Verbreitung und Nutzung dieser Daten ist ausdrücklich nicht gestattet. Besonders eine kommerzielle, politische und religiöse Ausbeutung oder eine anderweitige, auf Profitstreben angelegte Nutzung dieser Daten ist untersagt.

Ich erkläre hiermit ausdrücklich, dass die in meiner hier vorliegenden Forschung dargestellten Symbole, Uniformen, Uniformteile und Abzeichen, Begriffe, Parolen, Losungen, Gebietsbezeichnungen u. ä. des Dritten Reiches (1933-1945) oder damals maßgeblicher Organisationen nur zu Zwecken der staatsbürgerlichen Aufklärung, der Abwehr verfassungswidriger und verfassungsfeindlicher Bestrebungen, der wissenschaftlichen und kunsthistorischen Forschung, der Aufklärung oder der Berichterstattung über die Vorgänge des Zeitgeschehens oder der militärhistorischen und uniformkundlichen Forschung dienen dürfen und von mir auch nur zu diesen Zwecken hier abgebildet und genannt wurden.

Ich erkläre weiterhin, dass die in meiner hier vorliegenden Forschung gemachten Quellenangaben, Zitate oder sinngemäßen Wiedergaben anderer Autoren und deren Veröffentlichungen, die Nennung eingetragener Warenzeichen, Firmennamen und Körperschaften und deren Rechtsnachfolger durch mich lediglich zum Zweck der wissenschaftlichen Forschung und der historischen Einordnung im Zusammenhang mit der Darstellung meiner Forschung eingearbeitet worden sind.

Michael Krauß im September 2016

Anzeige

Erfahren Sie mehr im www unter

Flächentarn-Krauß

Einleitung

Zur Genesis der Tarnung des menschlichen Körpers kann gesagt werden, dass diese schon in der Antike begann, und wenn man so will, schon bei den steinzeitlichen Jägern. Ziel der Tarnung war und ist es bis heute, die Konturen des Kämpfers in seiner jeweiligen Umgebung möglichst aufzulösen oder anzupassen um somit für den Gegner schlecht sichtbar oder gar unsichtbar zu sein. Die Vorteile bestehen erstens darin, in einer feindseligen bewaffneten Auseinandersetzung möglichst lange am Leben zu bleiben, und zum zweiten militärisch agiler und erfolgreicher auf dem Gefechtsfeld handeln zu können.

Mit der schrittweisen Umstellung von der lineartaktischen Kriegsführung der europäischen Kabinettkriege auf eine mit aufgelöstem Schützengefecht nach 1789 mit einhergehender immer weiterführenden Entwicklung der Feuerwaffen war nun eine eindeutige und auffällige optische Freund- Feinderkennung anhand farbiger Uniformen auf dem Gefechtsfeld nicht mehr angezeigt. Der amerikanische Sezessionskrieg (1861 – 1865) war der erste moderne Krieg in dem sich diese Umstellung der Kriegsführung –auch für die noch folgenden verheerenderen Kriege in Europa- abzeichnete. Für die deutsche landseitige Kriegsführung des 1. Weltkrieges (1914 – 1918) waren der Grabenkrieg und das Ausschwärmen kleinerer Stoßtrupps zur Erfüllung von Gefechtsaufgaben kennzeichnend, zu Beginn des 2. Weltkrieges (1939 – 1945) waren das schnelle Vorrücken beweglicher Heeres-Großverbände der Wehrmacht, Einkesselungen und das überraschende Eindringen an der schwächsten Stelle des Gegners (Blitzkrieg) erfolgreich. Die Spezialisierung der Kämpfenden im modernen Gefecht entwickelte sich also immer weiter fort.

Preußen führte 1910 für sein Militär eine feldgraue Uniform ein, andere Länder begannen schon vorher (Großbritannien schon etwa ab den 1870er Jahren) oder etwa zeitgleich mit der Einführung von erdbraunen, feldgrauen und khakifarbenen Uniformen. Die Armeen der europäischen Großmächte trugen bis dahin überwiegend (von Spezialverbänden wie Jägern, Husaren, Landwehr und den auswärtigen Kollonial-Schutztruppen einmal abgesehen) farbige und weithin gut erkennbare Uniformen: Preußen blau, Österreich weiß, Rußland grün, Großbritannien rot und Frankreich blau/ rot (Diese bunte Uniform von 1870/ 71 wurde übrigens von einigen Teilen der französischen Armee in Ermangelung erdbrauner Uniformen noch im 2. Weltkrieg aufgetragen).

Das erste gefleckte Tarnmuster hat angeblich die italienische Armee schon 1929 auf Zeltbahnen verwendet. Die Entwicklung und Verwendung neuerer Tarnbekleidung für die „moderne Gefechtsführung" wird überwiegend deutscher Herkunft zugeschrieben. Die Reichswehr wurde ab etwa 1931 mit Zeltbahnen im „Buntfarbendruck 31" (diese wurden als Poncho bis Ende des 2. Weltkrieges als häufigstes Körpertarnmittel der Wehrmacht verwendet), dem nach 1945 von den US-Amerikanern so genannten „Splitter- oder Heeressplittermuster" – „Splinter Pattern" ausgerüstet. Dieses Muster bestand aus vielen zusammengesetzten brauen und grünen Dreiecken auf grauem Grund mir darüber laufenden grünen Strichen. Für dieses Splittermuster wurden als Vorbild vermutlich die mit Tarnfarben aufgebrachten Verzerrbilder an Großgerät des 1. Weltkrieges wie Schiffen, Flugzeugen, LKW-Planen und Bunkerstellungen herangezogen. Dieses Tarnmuster der Reichswehr wurde von der Wehrmacht

1935 übernommen und bis Kriegsende noch zu den Sumpftarnmustern weiterentwickelt (→ S. Abschnitt „Die DDR-Strichtarnmuster). Weiterhin gab es ebenfalls das etwas kleinformatigere „Lufwaffe-Splittermuster" überwiegend für Fallschirmjäger und die Luftwaffe-Felddivisionen. Bei der Waffen-SS befasste man sich etwa ab 1935 in einer eigenen Arbeitsgruppe (Abteilung T) unter der Leitung von Professor Schick sehr intensiv mit der Entwicklung von Flecktarn-Mustern für Uniformen. Diese verschiedenen Muster und Abarten, Färbungen und Produktionsvarianten sind heute selbst von Fachleuten nicht immer zweifelsfrei zuzuordnen und auseinanderzuhalten. Diese Flecktarnmuster wurden nach Kriegsende von den Siegermächten –insbesondere den USA- untersucht und für eigene militärische Zwecke weiterentwickelt (Deutsches Leibertarnmuster / U.S. M 81 Woodland Pattern). Sie sind heute Vorbild fast aller Uniform-Flecktarnmuster auf der Welt.

Warum auch in den bewaffneten Organe der DDR Tarnbekleidung verwendet wurde? Weil sie – wie auch schon die KVP- die militärischen Erfahrungen des 2. Weltkrieges nutzten, und hier muss man sagen, überwiegend die der deutschen Seite. Dies wurde bei der NVA und auch bei der DVP in Ausbildungsinhalten vermittelt. Natürlich wurde hier nicht propagiert, wir nutzen die Erfahrungen der Wehrmacht und Waffen-SS, sondern „Wir greifen in unserer Ausbildung für das moderne Gefecht/ den modernen Kampf auf die Erfahrungen des 2. Weltkrieges zurück". Der kalte Krieg hatte ja schon kurz nach dem Ende des 2. Weltkrieges längst begonnen, täglich wurde von beiden Militärblöcken mit einer militärischen Angriffsoperation des Anderen gerechnet. Die politische Ausrichtung der bewaffneten Organe der DDR an der Partei und der SU war eben nur das eine. Ob das 1956/ 57 eingeführte Flächentarnmuster auf einer DDR-Eigenentwicklung basiert oder ob hier ein von der Waffen-SS entworfenes Tarnmuster herangezogen wurde, das bis Kriegsende nicht mehr zur Ausgabe gelangte, ist mir nicht bekannt. Dazu gibt es bis heute unterschiedliche Meinungen, ich würde zu Ersterer tendieren. Auf jeden Fall ist aber hier das Flecktarn-Vorbild klar zu erkennen.

Weshalb man derart oft die Formen wechselte, nach welchen Kriterien dies geschah und wer dies veranlasste, ist bis heute nicht restlos geklärt. Das erste Tarnmuster, das um 1956/ 57 eingeführte so genannte Amöbentarnmuster war meiner Auffassung nach noch zu russisch. Der erste Minister für Nationale Verteidigung der DDR Willi Stoph setzte sich ganz entschieden für ein äußeres Erscheinungsbild der NVA-Uniform in deutscher Tradition ein. Diese Entscheidung dürften er und die anderen Mitglieder der damaligen DDR-Militärführung sicher auch auf das optische Outfit einer NVA-Tarnuniform bezogen haben.

Das dann in der Folge 1956/ 57 entwickelte und 1959 auf Befehl des MfNV der DDR eingeführte und im Mehrfarbensiebdruck hergestellte Tarnmuster im Flächendruck war meiner Ansicht nach in der Herstellung sehr aufwändig und teuer. Dieses Problem wurde auch schon im 2. Weltkrieg auf deutscher Seite beklagt. Zwänge des Einsparens führten schließlich 1965 zur Einführung des „Strichtarnmusters" für die Felddienstbekleidung der DDR, welches als Nebeneffekt auch eine bessere Tarnwirkung –die Körperkonturen wurden nun nicht mehr aufgebrochen sondern passten sich der mitteleuropäisch bewaldeten Umgebung ideal an- aufwies (S. Abschnitt „Die DDR-Strichtarnmuster").

Ebenso verhielt es sich mit den sich ständig verändernden Schnitten und Stoffen der Felddienstbekleidung. Vergleicht man einen Kampfanzug von 1960 mit einem der späteren 80er Jahre, wird dies umso klarer. Hochwertige, komfortable und leider auch für die DDR-Volkswirtschaft teure Fertigung wich im Laufe der Jahre einer dünnen einfachen Jacke und Hose mit Dederon-Taschen. Ein wesentlicher Punkt war auch die ab 1965 beginnende Abkehr von der über der Dienst- bzw. Drillichuniform getragen Tarnuniform hin zu einem körpernahen Kampfanzug mit der Einführung des Kampfanzuges 64. Dieser und seine Nachfolger eigneten sich nun als Tarnuniform und gleichzeitig auch als Kasernendienstuniform. Somit konnte schon wieder schrittweise die Drillichuniform eingespart werden.

Veränderungen in Schnitt und Tarnmuster erfolgten sicherlich nach Vorlage von „Einsparvorschlägen", auch aus dem „Neurerwesen" und von den Offizieren des Bekleidungs- und Ausrüstungsdienstes der Teilstreitkräfte der NVA gerichtet an die Hauptabteilung Bekleidung und Ausrüstung im MfNV der DDR. Die Entwicklung der herkömmlichen DDR-Felddienstbekleidung erfolgte dann im Direktionsbereich Forschung und Technik der VEB Burger Bekleidungswerke. Auch blieben kritische Meinungen von Soldaten und Offizieren zur eingesetzten B/A, besonders nach größeren Manövern, bei denen da oben sicher nicht ungehört. Bekannt ist aber auch, dass Persönlichkeiten der DDR-Militärführung wie Stoph, Hoffmann, Keßler und Stechbarth immer wieder mal gern persönlich in die Gestaltung von Uniformen und Effekten eingriffen und Abänderungen durchgesetzt haben. Grundsätzliche Neuerungen und Veränderungen militärischer Angelegenheiten der DDR wurden im Präsidium des Ministerrates der DDR und dem ab 1960 fungierenden Nationalen Verteidigungsrat der DDR beschlossen.

Eine Aussage zu den gefertigten Stückzahlen ist heute sehr schwierig, da halten sich selbst die beiden „Großen" Klaus-Ulrich Keubke und Manfred Kunz in ihren Werken „Uniformen der NVA der DDR" und „Militärische Uniformen der DDR 1949 – 1990 sehr bedeckt. Geht man von der letzten bekannten Personalstärke der NVA (also nur der NVA!) von etwa 155.300 Mann (und natürlich auch Frau) aus, hat man eine ungefähre Ausgangszahl. Jeder Soldat wurde mit zwei Felddienstanzügen Sommer ausgestattet. Hinzu kommen dann noch die in den B/A-Kammern der Truppenteile und Einheiten eingelagerten Stücke sowie die Kampfanzüge in den Lagern der Mobilmachungsreserve (Zahlen unbekannt, da diese Dinge ja auch der Geheimhaltung unterlagen). Also 310.600 Kampfanzüge nur im aktiven Dienst der NVA. Dies lässt aber keine Aussage über die produzierten Stückzahlen zu, vor Ort wurden ja Kampfanzüge unterschiedlichster Jahrgänge ausgegeben. Und hinzu kamen ja noch die GT (44.000 Mann), DVP (18.000 Mann nur VP-Bereitschaften), MfS (11.400 Mann nur Wachregiment „Feliks Dzierzynski") und Zollverwaltung der DDR (9.500 Mann)! All diese waren auch mit zwei Felddienstanzügen Sommer ausgestattet, also gesamt etwa 476.400 Stück zum Ende der DDR nur im aktiven Dienst der bewaffneten Organe. Und dann muss noch unterschieden werden zwischen der Felddienstbekleidung herkömmlich (Männer, Dienstgradgruppen Soldat/ Matrose/ Anwärter der VP bis Oberst/ Kapitän zur See/ Oberst der VP), Fallschirmjäger und Aufklärer, Generale und Frauen.

Klaus-Ulrich Keubke und Manfred Kunz in den Vorbemerkungen zu „Uniformen der NVA der DDR", Brandenburgisches Verlagshaus, 1990: „Bei der Behandlung dieses scheinbar überschaubaren Gegenstandes der NVA-Uniformen war es aufgrund einer Vielzahl von Details und auch schon verlorengegangenen Materials unumgänglich, Mut zur Lücke aufzubringen. Eine teilweise komplizierte Quellenlage läßt noch immer manche Fragen der Uniformentwicklung der NVA offen."

Diesen Vorbemerkungen kann ich nur zustimmen und möchte für meinen Teil auch Mut zur Lücke aufbringen. Vieles ist 1990 und in den Folgejahren unwiederbringlich vernichtet worden und –man darf nicht vergessen- eigentlich alles, was in der DDR mit Militär und Verteidigungsfragen zusammenhing, unterlag der Geheimhaltung, meistens der höchsten Stufe. Diese Dinge waren also zu DDR-Zeiten der breiten Masse nicht bekannt und danach auch nicht wirklich.

Michael Krauß im September 2016

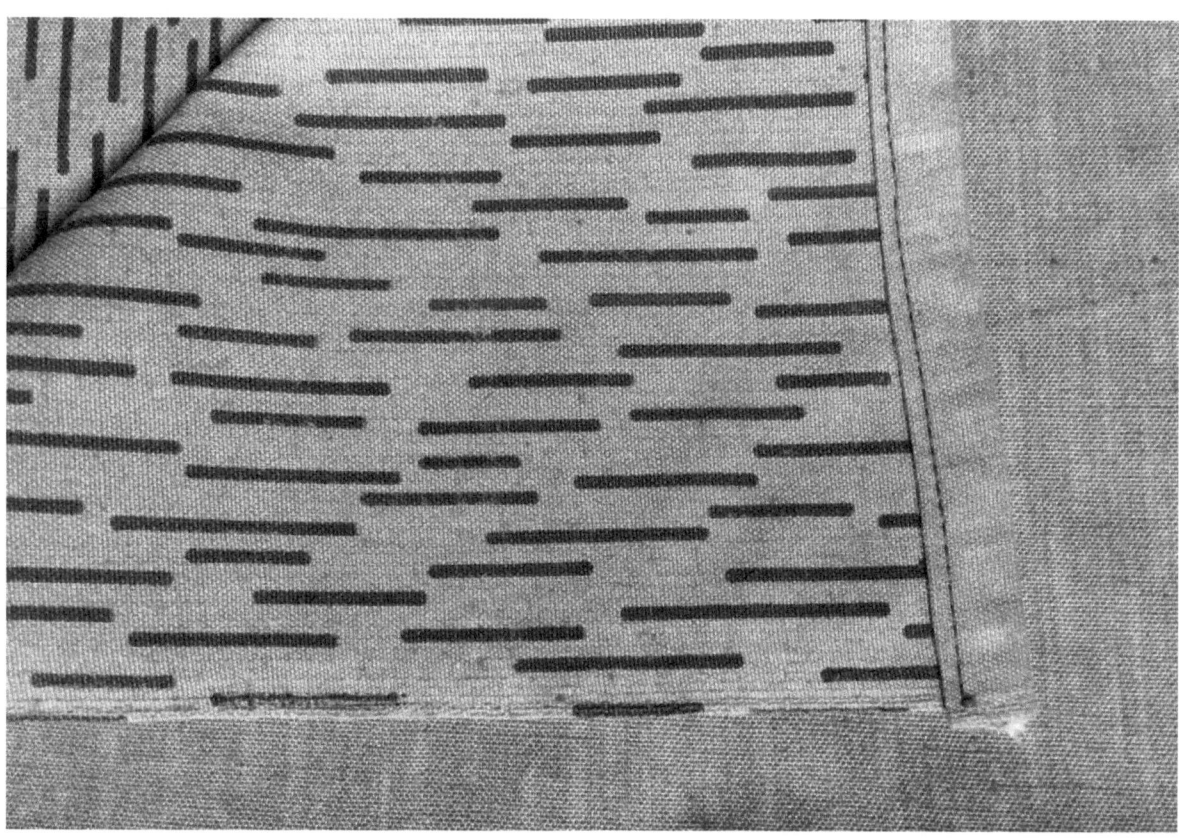

Das DDR-Amöbentarnmuster

Das früheste Muster auf Tarnbekleidung bewaffneter Kräfte der ehemaligen DDR ist das rotbraun-braun-sandgelbe Amöbentarnmuster. Es ist auch als "Russisches" oder "Sowjetisches Tarnmuster" bekannt, der Name "Amöbentarnmuster" wurde wie bei vielen anderen Tarnmustern auch, im Nachhinein "vergeben". Über die Entwicklung und Einführung dieses Tarnmusters ist bis heute nur sehr wenig bekannt. Es basiert auf dem sowjetischen rotbraunen (bis dunkelgrün-schwarzen)-kakifarbenen Muster des Tarnanzuges MKK 38 (maskirovochnyi kamuflirovannyi kostium) des 2. Weltkrieges. Das Amöbentarnmuster muss eine Eigenentwicklung der DDR gewesen sein, denn die o. a. drei Grundfarben finden sich nicht bei sowjetischen Tarnmustern dieser Zeit. Im DDR-Amöbentarnmuster sind nur Zeltbahnen und Schlupfanzüge bekannt. Die sackähnlichen, recht einfach gehaltenen dünnen Schlupfanzüge in sowjetischem Schnitt waren nur als Körpertarnung gedacht. Die Zeltbahnen/ Umhänge sollen schon vor den Schlupfanzügen existiert haben und wurden aus etwas dickerem Stoff, der an deutschen Zeltbahnstoff des 2. Weltkrieges erinnert, hergestellt.

Links: Sowjetisches Tarnmuster des MKK 38. Rechts: DDR-Amöbentarnmuster.

Stempelungen sind im Anzug nicht vorhanden und in der Zeltbahn nur sehr schwach und nicht verwertbar, ein Herstellungsjahr ist somit leider nicht bestimmbar. Zeitgenössische Fotos vom Herbst 1957 zeigen Artilleristen einer 152-mm-Haubitzbatterie im Amöbentarn-Schlupfanzug und zusammengerollter Amöbentarn-Zeltbahn am Koppel. Die lateinischen Großbuchstaben auf den Schildchen in Jacke und Hose deuten auf eine Herstellung in der DDR hin. Der Produktionszeitraum dürfte nur sehr kurz gewesen sein, 1957/ 58 fiel bereits die Entscheidung zugunsten der B/A im Flächendruck. Hose und Jacke besitzen keinerlei Taschen, lediglich in der Jacke sind zwei Durchgriffe für die darunter getragene Dienstuniform verarbeitet. DDR-B/A im Amöbentarnmuster ist äußert selten und mitunter auch bei versierten Sammlern kaum bekannt. Selbst namhafte Autoren, die Veröffentlichungen über die Landstreitkräfte der NVA und über militärische Uniformen der DDR herausgaben, wähnen diese Tarnbekleidung aus sowjetischen Beständen bzw. von der Sowjetarmee stammend.

Schlupfanzug

Der winzige Sehschlitz mit dem Gesichtsschleier, einst Markenzeichen sowjetischer Aufklärer und Scharfschützen im 2. Weltkrieg. Die Idee des Gesichtsschleiers wurde dann ab 1958 über die Kapuzen-Flächentarnjacken bis hin zu den Stahlhelmtarnbezügen der Strichtarn-Ära übernommen. Von einem „Kampfanzug" im eigentlichen Sinne kann man von der Tarnbekleidung im Amöbentarnmuster noch nicht sprechen.

Links: Ärmelverstellung. Rechts: Unklare Etikettierung. Bei der 64 könnte es sich um die Größe handeln. S. auch Schild der Hose unten.

Links: Ausbildungspause hinter einem SPW 152. Der stehende Vorgesetzte trägt einen Flächentarnanzug der Kapuzenserie, der Mann in der Mitte den Drillichanzug. Diese Bilder zeigen Angehörige des Unteroffizierlehrganges in Eilenburg um 1965 - 1966 in Tarnanzügen im Amöbentarnmuster, die zu Ausbildungszwecken noch aufgetragen wurden. Bilder 1 bis 3:   1)

Zeltplane/ Umhang

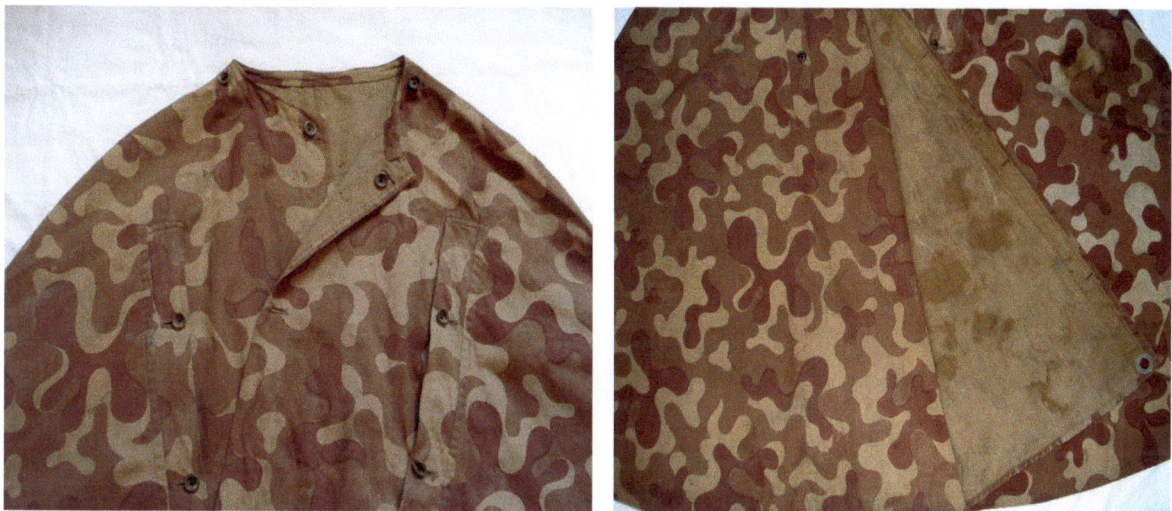

Das halbkreisrunde Ausrüstungsstück konnte als Umhang aber auch als Zeltplane genutzt werden.

Armdurchgriffe mit Bakelit-Knöpfen. Die Durchgriffe waren im Gegensatz zur Reichswehr-/ Wehrmachtszeltbahn 31 und der späteren NVA-Zeltbahnen nur einfach geknöpft.

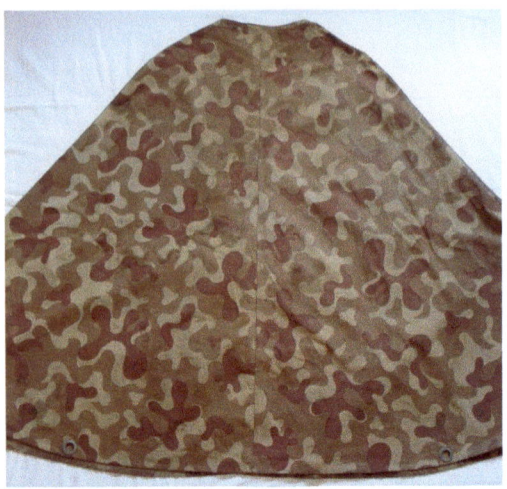 

Rückenansicht. Die Kapuze wurde hier leider vermutlich schon zu deren Dienstzeit entfernt, ein Umstand der bei diesen Umhängen mehrfach festgestellt wurde. Die Nähte an der einstigen Sitzposition sind noch gut erkennbar. Rechts: Napfförmiger Bakelitknopf.

Insgesamt sechs Ösen dienten der Befestigung des Zeltes mit Heringen im Erdreich. Vergleicht man auf der vierten Abb. die Zeltplane im Amöbentarndruck (unten im Bild) mit einer Zeltbahn 31 im Splittertarndruck der Wehrmacht (oben im Bild), fällt die identische Form der Ösen auf. Auch dieser Umstand spricht für eine deutsche Fertigung der Amöbentarnung. Bei dem Material handelt es sich ebenfalls um den gleichen wasserabweisenden, dicht gewebten Stoff wie bei der Zeltbahn 31.

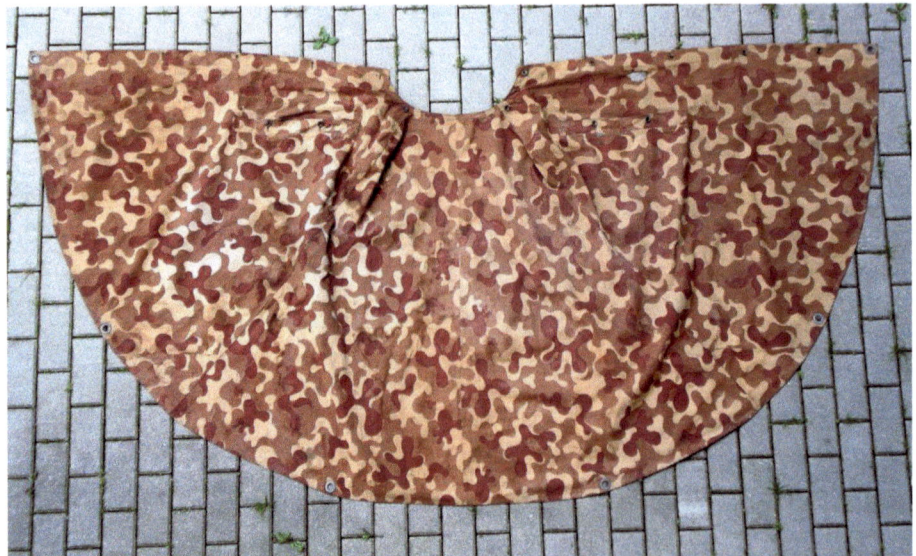

Der Zuschnitt der halbkreisrunden Zeltbahn erfolgte nach sowjetischem Vorbild. Sie konnte mit einer anderen zusammengeknöpft werden und bildete so ein kegelförmiges Zwei-Mann-Zelt. Über die obere runde Öffnung wurden die beiden Kapuzen gestülpt.

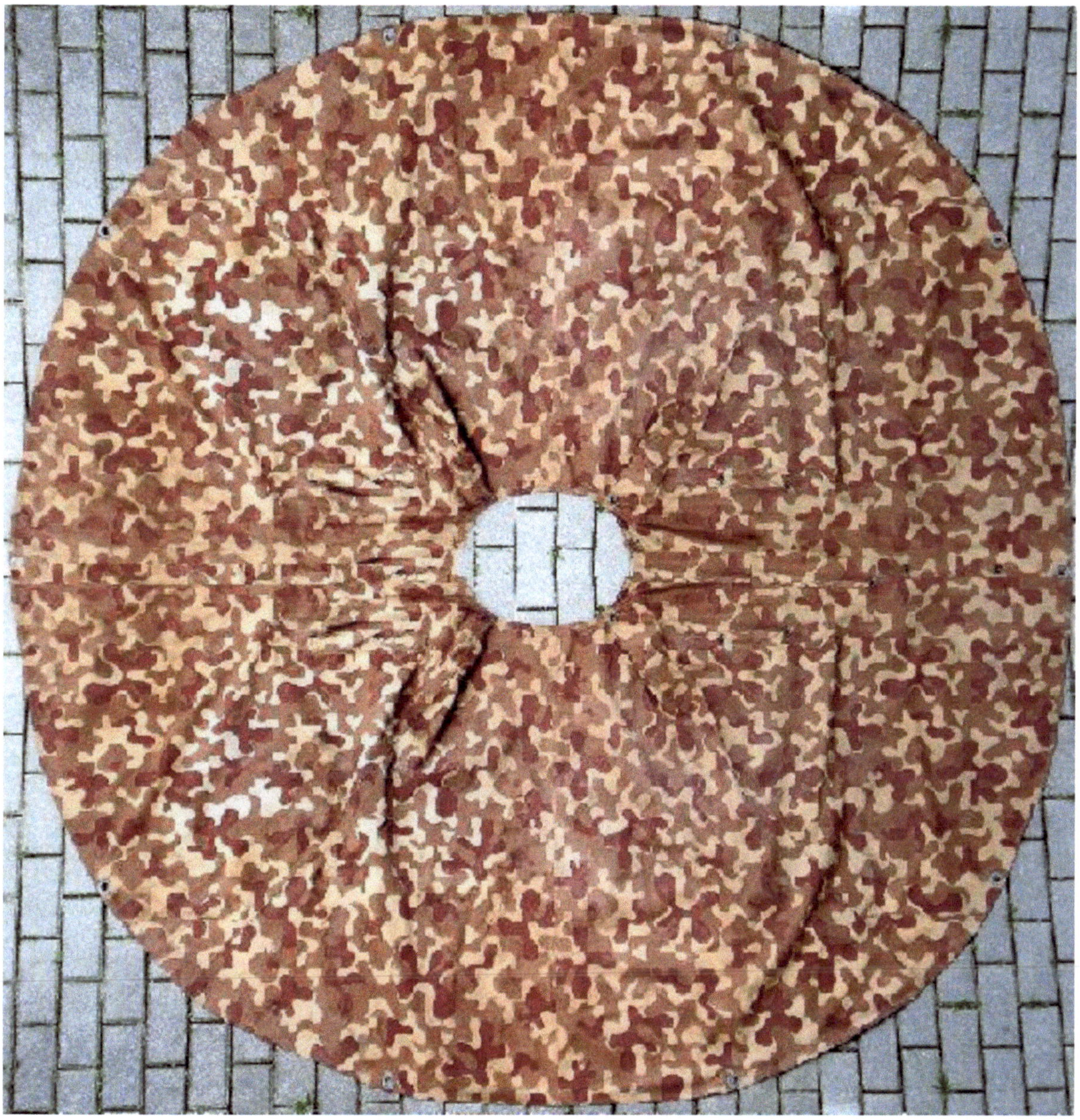

Zwei zusammen geknöpfte Zeltplanen (Rekonstruktion).

Angehörige des Unteroffizierlehrganges in Eilenburg um 1965 - 1966 in Amöbentarnanzügen. Beide untere Abb.: 1)

Grob-Systematik der getarnten DDR-Sommer-Felddienstbekleidung 1958 bis 1990 (Ohne Amöbentarn, FJ, Frauen, Generale)
(Die Jahreszeiträume geben die Herstellungszeiträume an, Überschneidungen der Jahre und Quartale sind dabei möglich!)

Kapuzenserie 1958 bis 1964	Kragenserie 1964/ 65 (Zwischenlösung)	Kragenserie 1965/ 66 (Kampfanzug 64)	Kragenserie 1967 bis 1969	Kragenserie 1970 bis etwa 1975/ 79	Kragenserie etwa 1975/ 79 bis etwa 1990	Uniformtrageversuch (UTV) 1985-90
	Von 1958 bis KA 64 körperweiter Schnitt	Von 1958 bis 1971 Flächentarnmuster		**Von 1967 bis UTV körpernaher Schnitt**		
1958/ 53 senkrechte Brusttaschen, drei Knöpfe der Beintaschen. 1950/ 61 Holznebelverstellung des Jackenbundes, 1958 Blechknöpfe vernäht, 1959 Plasteknöpfe vernäht. 1958/ 59 noch kein Knöpfriegel f. Kapuze, keine Pistolentasche.	1953/ 1960 bis 64 keine Brusttaschen, grau gekörnte Knöpfe mit Splintringen. 1953/ 1960 bis 1964 Schnallenverstellung. Mitunter provisorische Dienstgradbefestigung auf Schultern. Von 1960 bis 1964 Knöpfriegel für Kapuze, Pistolentasche Typ 1.	1964 bis 1965 Gerader Kragen, keine Brusttaschen, anknöpfbarer Stahlhelmtarnbezug, Hose mit Seitentaschen in Blasebalgform, Grau gekörnte Knöpfe mit Splint, Knöpfe der Ärmel- und Beintaschen sichtbar, ab 1965 Dienstgradbefestigung auf Schultern seriemäßig, ab nun Beinverstellung mit Knöpfen. Verwendung überwiegend bei GT und DVP. Pistolentasche Typ 2.	**Von 1965 bis 1967 Strichtarnmuster** Brusttaschen mit Einzelknopf, gerader Kragen, erstmals Knöpfe für Kragenbinde, anknöpfbarer Stahlhelmtarnbezug, keine Hosentaschendurchgriffe mehr aus Bakelit und nun vernäht, Grau gekörnte Ärmel- und Beintaschenknöpfe mit Splint, Knöpfe der Ärmel- und Beintaschen sichtbar. Bis 1966 Taillenverstellung u. verstellbarer Gummizug. Pistolentasche Typ 2.	**Von 1965 bis 1967 Strichtarnmuster Typ 1** Brusttaschen mit zwei Knöpfen, ab 1967 geschwungener Kragen, Kapuze nicht mehr anknüpfbar, Knöpfe zum Schließen der Jacke aus Bakelit und nun vernäht, 1967/ 68 schräge Ärmel- und Beinverstellung, Knöpfe der Ärmel- und Beintaschen sichtbar. Bis 1963 nicht verstellbarer Gummizug in hinteren unteren Jackenband. Bis 1963 Pistolentasche Typ 2.	**Von 1967 bis 1990 Strichtarnmuster** Bis etwa 1973 Knöpfe zum Schließen der Jacke aus Bakelit und vernäht, bis etwa 1973 Knöpfe der Ärmel- und Beintaschen sichtbar, ab 1970 keinerlei Gummizüge mehr vorhanden. Pistolentasche Typ 3.	**Von 1967 bis 1990 Strichtarnmuster Typ 2** Ab etwa 1975/79 verdeckte Knöpfe der Ärmel- u. Beintaschen seitl. offene Einschubtaschen, Plasteknöpfe (grob) zum Schließen der Jacke und vernäht, letztes Modell mit Dienstgradbefestigung (für MdI) vermutl. Produktion bis 1388-1930 Pistolentasche Typ 3.	Dienstgradabzeichen am Ärmel, Keinerlei Tarnschlaufen mehr, Vier verschließbare Taschen der Jacke in Blasebalgform, verdeckte Knöpfe der Ärmel- und Beintaschen, Plasteknöpfe (klein) zum Schließen der Jacke und vernäht, Hose mit Seitentaschen in Blasebalgform, Keine Pistolentasche mehr.

Das DDR-Flächentarnmuster

1956 gilt als das Jahr des erstmaligen Erscheinens des DDR-Flächentarnmusters (hier die Jahreszahl auf einer Zeltbahn mit bereits überholter KVP-Stempelung). Zeitgleich verwendete die NVA mitunter noch bis etwa 1965 Tarnbekleidung aus DDR-Produktion im sandgelb-braunen Amöbentarnmuster. Dieses orientierte sich sehr stark an der kaki-braun (bis schwarz) gefleckten Tarnbekleidung für Sonderverbände der Sowjetarmee des 2. Weltkrieges. Schon 1956 gab es erste Überlegungen der DDR-Militärführung, einen eigenen Kampfanzug einzuführen. Foto: M. Ludwig.   1)

Als Vorbild in Schnitt und Machart dürften zweifellos die Tarnschlupfjacken und wendbaren Wintertarnanzüge der Wehrmacht und der Waffen-SS gedient haben.

Sie dienten dem DDR-Flächendruck vermutlich als Vorbild: Die vielen Flecktarnmuster der Waffen-SS, hier das Eich-Platanenmuster (Nr. 6) mit der Frühlings- und Herbstseite einer Zeltbahn.

Die große, fest angebrachte Kapuze der Kampfanzugjacke wurde erst ab 1958 so gestaltet, dass sie über den Stahlhelm passte und war mit einem Mückenschleier ausgestattet, ein charakteristisches Merkmal aller Jacken der „Kapuzenserie" bis 1964. An allen Varianten, die dem 1958er und 1959er Jackenmodell folgten, konnte die Kapuze eingerollt werden und mit einem im Innern der Jacke befindlichen Befestigungsband und einem Knopf unter der Kapuze fixiert werden.

Die Einführung von Ausrüstungsgegenständen im Flächendruck, wie Feldflaschen, Magazin-, TSM- und Gerätetaschen, fiel nicht zeitgleich mit dem Jahr 1958 zusammen. Diese wurden vermutlich erst Anfang der 60er Jahre oder später eingeführt, während das Sturmgepäck im Flächendruck schon 1957 getestet worden war. Geregelt wurde die Trageweise des Felddienstanzuges im Flächendruck bei der NVA (Sicher gab es auch eine separate Vorschrift für die DVP) in der Bekleidungsvorschrift der NVA DV 10/5, die noch in den 60er Jahren mehrfach modifiziert wurde. Flächentarnbekleidung und -ausrüstung wurde bei der NVA an die Landstreitkräfte (außer Panzerbesatzungen) die Luftstreitkräfte/ Luftverteidigung und die Volksmarine ausgegeben. Bekannt sind vor allem zeitgenössische Fotos von Angehörigen der Grenzbrigade Küste in Flächentarn-Kampfanzügen der Kragenserie mit ungetarnten Dienstgradabzeichen. Auch das MfS war mit Flächentarn-Kampfanzügen ausgestattet.

Die Einführung der Flächentarn-FDU in den LSK begann etwa erst nach 1962/ 63. In der DV-10/5, MfNV 1961, wird noch von Uniformjacke und -hose gesprochen. Auch Rucksack u. Brotbeutel gehörten noch zur Ausrüstung. Dagegen wird bei der LV schon vom Kampfanzug gesprochen. Erst in der DV-10/5, MfNV 1965, wird einheitlich vom Kampfanzug für alle Teilstreitkräfte gesprochen.

In die Gesamtbetrachtung der DDR-Felddienstbekleidung fällt auch der Kampfanzug für Fallschirmjäger und Aufklärer. Dieser Kampfanzug wurde vom 1. August 1961 bis zum 31. Januar 1962 getestet. Er wurde an Aufklärer, an Angehörige des Fallschirmdienstes der Luftstreitkräfte und an die Fallschirmjäger ausgegeben. Bis dahin verwendeten diese Spezialkräfte die herkömmliche Felddienst-B/A.

Das Erscheinungsbild des Flächendruckes wurde bis 1961/ 62 von einem dunkleren Braun dominiert. Ab 1962 kam eine hellere Version des gleichen Flächendruck-Musters mit einem hellerem Braun und einem deutlicheren Grün auf.

Der Kampfanzug mit fest angebrachter Kapuze wurde nur bis 1964 hergestellt. Grund war die schlechte Rundumsicht des Kämpfenden im Gelände bei der über den Stahlhelm M 56 aufgezogenen und als Tarnbezug konzipierten Kapuze. Diese wurde bei den Modellen 1960 bis 1964 zusätzlich serienmäßig mit zwei an der Kapuze vernähten Metallhaken am Stahlhelm befestigt. Bei den frühen 50er Jahre Modellen wurden vermutlich nachträglich Behelfshaken vernäht. Die Kampfanzüge im Flächentarndruck von 1958 bis 1964 waren keine klassische Sommerfelddienstbekleidung, es gibt zahlreiche zeitgenössische Aufnahmen von Soldaten der NVA im Winter mit diesem Anzug, die sogar Pelzmütze und Filzstiefel dazu tragen. In der DV-10/5 von 1961 wird der Watteanzug (abgesteppt) noch unter Sonder- und Spezialbekleidung genannt und war nur für bestimmte Dienste bei entsprechender Witterung im Winter wie Fahrer von Kübelwagen, LKW, SPW, Kradbesatzungen und Posten vorgesehen. 1964 wird beispielsweise für Kraftfahrer der Watteanzug nun unter der Felddienstuniform aufgeführt. Gemäß Bekleidungsvorschrift der NVA DV-10/5 von 1961 war die Felddienstuniform bei Übungen zur Überprüfung der Gefechtsbereitschaft und bei taktischen Übungen ab Kompanie/ Batterie aufwärts zu tragen.

Die zweite Generation des Kampfanzuges im Flächentarndruck wurde bereits 1963/ 64 als Zwischenlösung eingeführt, nun mit Kragen und für eine bessere Rundumsicht des Soldaten mit separatem Stahlhelmtarnbezug. Nur bei den Modellen 1964 (Zwischenlösung), 1965 und 1966 (Kampfanzug 64) konnte diese Kapuze mit vier flachen Knöpfen hinter dem Kragen angeknöpft werden. Einige historische Originalaufnahmen jener Zeit lassen vermuten, dass die nun eingeführten Kampfanzüge mit Kragen wohl zuerst vorrangig an Offiziere und Unteroffiziere ausgegeben wurden, da auf diesen Bildern die Mannschaftsdienstgrade weiterhin mit den Jacken der Kapuzenserie eingekleidet sind. Auf anderen Bildern tragen auch Mannschaftsdienstgrade diese Kampfanzüge mit Kragen. 1965 wurden beim Kampfanzug 64 wieder Brusttaschen eingeführt, jetzt in waagerechter Anordnung. Dieser neue Uniformschnitt blieb im Wesentlichen so bis 1990, dann aber im 1964/ 1965 eingeführten Strichtarnmuster. Über das Verschwinden des DDR-Flächentarnmusters wurde schon zu DDR-Zeiten spekuliert: Die sowjetischen Verbündeten mochten das NATO-ähnliche Flecktarnmuster nicht mehr... Der eigentliche Grund, die aufwändige und teuere Druckherstellung mit den vier Farben grau (Grundfarbe), blaugrün, grün und braun dürfte die Militärführung der DDR veranlasst haben, das Flächentarnmuster nicht weiter zu verwenden. Ebenso machten sich ab etwa 1961 Fehler der Druckwalzen hinsichtlich der Abweichung am Muster, nachlassender Farbstärke und Farbausführung negativ bemerkbar, wie man an Einzelstücken immer wieder feststellen kann. Man orientierte sich nun an den kostengünstigeren und in der Qualität weitestgehend gleichbleibenden Strichtarnmustern der VR Polen und der ČSSR, das DDR-Strichtarnmuster des Typs 1 ähnelt diesen noch sehr stark.

Interessant ist, dass die Produktion von Felddienst-Uniformen im Flächentarndruck der „Kragenserie" bis 1971 fortgesetzt wurde, ungeachtet der Einführung der Kampfanzüge im Ein-Strich-kein-Strich-Muster im Jahre 1965. Die Ausstattung mit den neuen Strichtarn-FDA war bei der NVA und der DVP nicht von heute auf morgen abgeschlossen, sondern zog sich vermutlich bis etwa 1975 hin. Zuerst wurden taktische Einheiten damit eingekleidet, während rückwärtige Einheiten zunächst weiterhin im FDA im Flächendruck auskommen mussten.

Nach ihrer eigentlichen Bestimmung, die Konturen des Kämpfers im Gelände weitestgehend vor den Augen des Gegners mit der bewachsenen Umgebung verschmelzen zu lassen, wurden einige Flächentarnanzüge als Arbeitsbekleidung schwarz eingefärbt oder wurden so, wie sie waren, im zivilen Sektor als Arbeits- bzw. Freizeitbekleidung aufgetragen. Besonders mit den Jacken der Kapuzenserie schuf die DDR-Textilindustrie ganz unfreiwillig einen schon damals sehr beliebten Jacken-Klassiker. Dazu muss man aber wissen, dass es in der DDR ein Uniformtrageverbot für Zivilisten gab. So konnte es gerade in größeren Städten vorkommen, dass zivil getragene DDR-Militärbekleidung auf offener Straße von der Volkspolizei beschlagnahmt und eingezogen wurde. In einigen Bezirken der DDR wurde Flächentarnbekleidung vermutlich noch bis Ende der 70er Jahre sogar vereinzelt bei der GST weiter genutzt. In den 70er Jahren waren auch Kämpfer der nationalen Befreiungsbewegungen Afrikas wie der FAPLA in Angola in Uniformen im Flächentarnmuster zu sehen.

Nach bisherigem Erkenntnisstand war der VEB Burger Bekleidungswerke in Burg bei Magdeburg vermutlich der einzige Hersteller von Jacken und Hosen im Flächendruck. Geliefert wurden die bedruckten Stoffballen mit hoher Wahrscheinlichkeit von der Greizer Textilindustrie. Der oder die Designer des DDR-Flächentarnmusters sind leider bis heute nicht bekannt, sehr schade eigentlich.

Industriebrache des ehemaligen VEB Burger Bekleidungswerke, 2011, Hofseite.

Uniformtrageversuch zur Einführung des Kampfanzuges im Flächentarndruck 1957

Bei den hier dargestellten Stücken von 1957 handelt es sich um die früheste und auch weltweit erstmals bekanntgewordene und hier nun zu sehende Uniform im DDR-Flächendruck. Selbst in Fachkreisen war die Uniform bislang nicht bekannt. Sie gehört zur Testreihe des Uniformtrageversuches zur Einführung des Kampfanzuges im Flächentarndruck im Jahre 1957. Diese Erprobung fand vom 01.03.1957 bis zum 15.02.1958 in zwei verstärkten mot. Schützenbataillonen statt. Die erfolgreiche Testreihe führte ab 1959 zur flächendeckenden Einführung des DDR-Kampfanzuges und Sturmgepäcks im Flächentarndruck.

Die produzierten Stückzahlen der Testreihe dürfte eher gering gewesen sein. Auffällig hier die Taschen mit sichtbaren Knöpfen, wie sie erst beim Kampfanzug der Zwischenlösung 1964/ 65 bzw. dann beim KA 64 um 1965 gefertigt wurden. Jedoch sind Knöpfung und auch die Knöpfe noch völlig anders gestaltet. Dieser Kampfanzug im Uniformtrageversuch ähnelt optisch noch stark dem wendbaren Wintertarnanzug der Wehrmacht bzw. Waffen-SS, die hier einzigartigen Ärmelverstellungen ähneln weitestgehend denen deutscher Tarnschlupfhemden des 2. Weltkrieges. Nicht vergessen darf man, dass der mit der Erprobung dieses Uniformtrageversuches beauftragte Offizier, der damalige Oberstleutnant Horst Stechbarth, im 2. Weltkrieg Unteroffizier gewesen ist und ganz sicher seine dort gemachten Erfahrungen hinsichtlich der Bekleidung und Ausrüstung nun hier mit eingebracht hat.

Die Größe 3 von 1957 im DDR-Kastenstempel.

Abb. Unten links: Ärmelverstellung. Abb. Unten rechts: Kapuze und Bundverstellung der Jacke. Die Kapuze der Versuchsreihe hatte eine normale Gestaltung, sie konnte noch nicht als Tarnbezug über den Stahlhelm gezogen werden. Die Form der Bundverstellung hielt sich bis 1959.

Vermutlich aus Gründen der Tarnung haben sich die sichtbaren Knöpfe an den Taschen schon ab 1958 nicht durchgesetzt.

Durchgeknöpfte Taschenpatten mit sichtbaren Knöpfen an den Beintaschen haben sich also nach der 1957er Testreihe nicht durchgesetzt, wir finden sie erst 1964/ 65 bei der Zwischenlösung bzw. beim KA 64 wieder. Die Form der Knöpfung mit drei Knöpfen mit Mittellasche hielt sich nur bei den Hosentaschen bis zur Kapuzenserie 1964. Bei der 1957er Testreihe wurden Bein- und Hosentaschen mit gleicher Knöpfung versehen.

Die Hose dürfte noch einige Jahre im Dienst gewesen sein, wie die Befestigungen für das Hosenträgersystem neuerer Art zeigen. Bekannt sind die braunen Bakelitknöpfe und der dünne „Überfallstoff", der typisch für die 50er Jahre ist.

Diese archaisch anmutenden grau lackierten Blechknöpfe mit dem sonderbaren Splintsystem haben sich also auch nicht durchgesetzt.

Alle Fotos zum Uniformtrageversuch 1957 : P. Müller.   1)

Kampfanzug Flächentarndruck 1958

Die hier dargestellte Jacke und Hose von 1958 gehört zu den ersten Kampfanzügen der DDR im Flächendruck. Vermutlich besaß auch das 1957er Test-Modell ebenso wie das 1958er und das 1959er Modell die senkrecht angeordneten Taschenklappen auf der Jackenvorderseite, diese wurden bei allen nachfolgenden Modellen nicht mehr weitergeführt. Die gekörnten feldgrau lackierten Aluminiumknöpfe der Jacke sind alle vernäht. Diese Knöpfe gab es so nur beim 1958er Modell, sie sind etwas kleiner als die Plaste-Knöpfe, die ab 1960 aufkamen. Bemerkenswert nach 54 Jahren ist der farbfrische Zustand des Tarnmusters.

1958 fehlte noch das innen eingenähte Band zum Einrollen der Kapuze. Dieses wurde erst Ende 1959 angebracht. Zu beachten ist die durchgehende und noch aus einem Stück gefertigte Rückenpartie. Kunstlederbesätze im Inneren der Jacke dienen als Sicherung der außen angebrachten Tarnschlaufen. Ab dem 2. Quartal 1961 können diese dann im Flächentarnstoff nachgewiesen werden.

Eine Eigenart der frühen Jacken: Die Schlaufen zur Befestigung von Tarnmaterial an Oberarm und auf dem Rücken kommen 1958 und 1959 noch ohne die darüber liegende zusätzliche Schlaufe aus. Auch hier drängt sich der Vergleich zu deutschen Tarnjacken aus dem WK II auf. Die bei Jacken der Kapuzenserie (1958 bis 1964) im Brustbereich angebrachten kleineren Schlaufen dienten wohl auch der Anbringung von Tarnmaterial, zeitgenössische Aufnahmen und Abbildungen aus Dienstvorschriften zeigen diese jedoch als Fixierung der Kordel der eingerollten Kapuze.

Undeutliche Stempelung von 1958: DDR/I, Größe 2, Hersteller 1802, II 58.

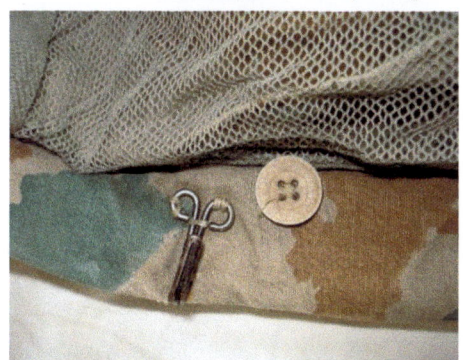

Ebenfalls nur bei den frühen Jacken vorhanden: Pappknöpfe zur Befestigung des Mückenschleiers und die noch zu Dienstzeiten provisorisch angebrachten Stahlhaken zum Fixieren der Kapuze am Stahlhelm M 56. Der Begriff Mückenschleier ist sicher nicht ganz zutreffend, das Netz dürfte der Auflösung der Gesichtskonturen des Kämpfers gedient haben.

Gegengeknöpfte Windschutzleiste (links), die Ähnlichkeit mit der Jackenknöpfung der wendbaren Wintertarnanzüge der Wehrmacht (rechts, Repro) ist unverkennbar. Typisch für 1958 und 1959 sind die schwarz eingesäumten Knopflöcher.

Die linke Bundverengung. Die Stoffverdickung am Ende verhindert ein Verschwinden des Verstellbandes im Tunnel, es gab sie nur 1958 und 1959. Bundverengungen mittels Knöpfung tauchten erst bei den Jacken der 1964er Kragenserie wieder auf.

Ärmelverstellung.

Gelbe Fertigungsmarkierungen gab es vermutlich nur 1958. Die letzte Ziffer zeigte bereits 1958 die Größe an, hier die 2. Rechts: Ärmelschoner.

Zweifache Ventilation in Schlitzform, hier innen noch mit rechteckigen Verstärkungen.

Ebenfalls in erstaunlicher Farbfrische die dazu passende 1958er Hose. Die drei außen liegenden D-Ringe wurden scheinbar nachträglich noch in den 60er Jahren mit dickem Drillichstoff angebracht. Die Schnürbänder für die Beinverstellung sind aus etwas festerem Material als bei dem 1959er Vergleichstück.

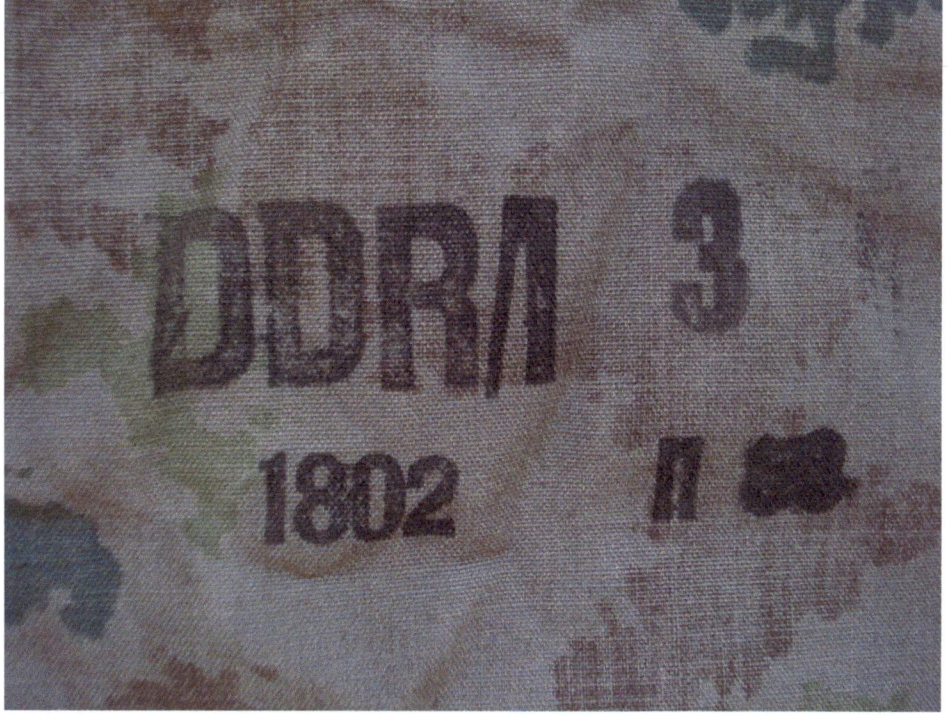

Gab es nur bis 1959: Die Stempelung "DDR/I". Flächentarnbekleidung mit diesen Stempelungen wurde sowohl an die NVA als auch an die DVP ausgeliefert, eine Trennung in "NVA" und "MDI" bzw. "MdI" hatte sich erst um 1960 in der Stempelung durchgesetzt. Hier eine Größe 3 vom 2. Quartal 1958., Hersteller mit der sehr häufig anzutreffenden Betriebsnummer 1802.

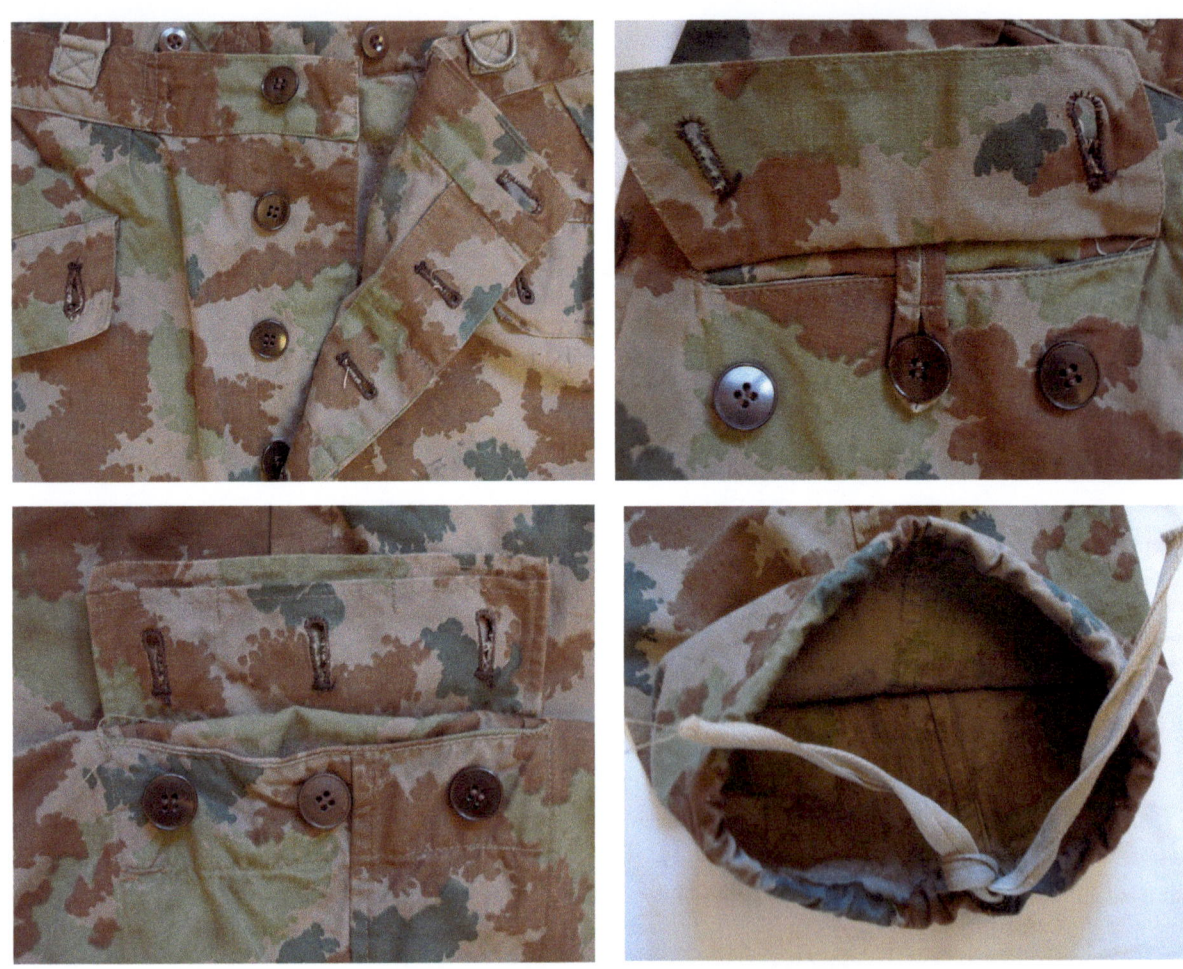

Wurden nur 1958 und 1959 in dieser Form produziert: Die dreifachen flachen vernähten Plasteknöpfe der Beintaschen. In der linken (!) Beintasche wurde noch eine zusätzliche längliche Einstecktasche eingearbeitet. Die Schnürbänder für die Beinverstellung sind aus etwas festerem Material als bei dem 1959er Vergleichstück.

D-Ringe für die Befestigung der Hosenträger wurden nachträglich angebracht. Die Knöpfe zur Befestigung der alten Hosenträger wurden jedoch belassen. Nach über 52 Jahren sehr guter Zustand der Knopflöcher. Über Verstellmöglichkeiten des Hosenbundes verfügt diese Ausführung ebenso wie das 1959er und 1960er Modell noch nicht, diese konnten erstmals ab dem Herstellungsjahr 1961 festgestellt werden. Lediglich zwei Gummizüge sorgen für einen festeren Sitz der Hose.

Soldaten der NVA im ersten Kampfanzug der DDR waren mit Stahlhelm M 56, schwarzem Ledergurtkoppel und der MPi 41 (7,62 mm, 71 Schuss pro Trommel) auch in den Tagen des August 1961 in Berlin zu sehen.

Grau effektierte Dienstuniform 1959 - 1964
(Sammlung D. Friebe)

Etwa zeitgleich mit der Einführung des Kampfanzuges im Flächentarndruck wurde dazu passend eine grau effektierte Dienstuniform eingeführt. Leistungs-, Qualifikations-, Sportabzeichen sowie Soldatenauszeichnungen und staatliche Auszeichnungen wurden an dieser Uniformart nicht getragen.

Grau effektierte Dienstuniform eines Oberst der Landstreitkräfte, Trageweise etwa 1961 - ca. 64. Diese Uniformart wird leider in den Dienstvorschriften etwas vernachlässigt. Es wird angenommen, dass diese im Zeitraum 1959 - ca. 1964 getragen wurde, und zwar vorrangig bei Manövern, von Angehörigen des Stabes, Beobachtern. Vermutlich wurde diese Uniformart auch noch nach 1964 getragen, es ist wenigstens eine Jacke bekannt, welche im Jahre 1969 hergestellt wurde, und ebenfalls grau effektiert wurde, leider lässt sich nicht mehr 100 prozentig feststellen, ob die Effektierung zeitgenössisch ist. In dem hier gezeigten Falle wurde die Jacke zeitgenössisch effektiert. Vermutlich wurden die Effektensätze an die Träger ausgehändigt, danach mussten sich die Träger selbst um die Effektierung kümmern. Es ist nicht bekannt, dass solche Uniformen im großen Umfang truppenseitig ausgegeben wurden.

Im Unterschied zum Mützenkranz für die grau effektierte Schirmmütze, welcher auf dunkelgrauem Besatztuch gestickt ist, wurden die Mützenkränze für die Ski - / Wintermütze auf steingrauem Tuch gefertigt. In dem hier gezeigten Fall schon mit DDR - Kokarde ab 1961. Bilder und Text: D. Friebe.   1)

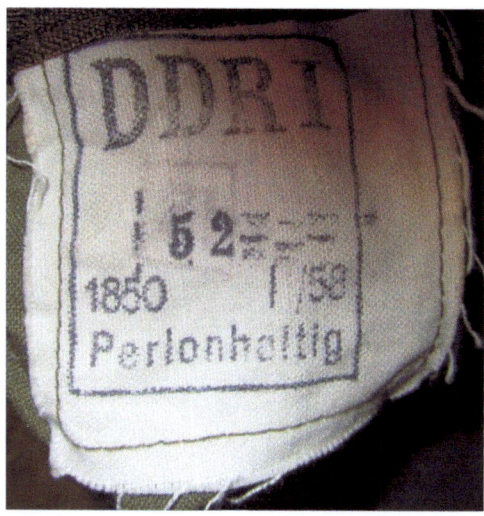

Detailansicht Schulterstück Oberst. Hier wurden die grau lackierten Rangsterne für jüngere Offiziere, 11,5 mm groß, verwendet. (...) Hellgrau lackierte Metallknöpfe, Effekten für Offiziere der Landstreitkräfte. Waffenfarben sind nicht ersichtlich. Unterschiede zwischen Land- und Luftstreitkräfte sind lediglich an Kragenspiegeln und Mützenemblemen ersichtlich. Herstelleretikette in der linken Innentasche. Herstellungszeitraum der Jacke: I. Quartal 1958.

Detailansichten einer Stiefelhose der 1. Generation mit Patte über der Uhrentasche, grauen Knöpfen mit Vertiefung. Text und Fotos: D. Friebe. Quelle: http://uniformen-der-ddr.blogspot.de/2012/04/oberst-landstreitkrafte-grau.html 1)

Grau effektierte Dienstuniform für Generale der NVA. Fotos: D. Friebe.
Quelle: http://uniformen-der-ddr.blogspot.de   1)

Rechte Abb.: Goldfarbene Koppelschließe für Generale. Fotos: D. Friebe.   1)

Kampfanzug Flächentarndruck 1959

Der Kampfanzug von 1959 unterscheidet sich nur minimal von seinem 1958er Vorgänger. Der Stoff ist deutlich dünner, die Farben wirken heller, alle gekörnten Knöpfe der Jacke sind nun aus Plaste und ebenfalls noch vernäht. Die Knöpfe sind kleiner als die Knöpfe, die etwa ab 1961 aufkamen, aber größer als die späteren kleinen Schulterklappenknöpfe. Die graue Kapuzenkordel ist bereits von dickerer Qualität, wie man sie von den Kapuzenjacken bis 1963/ 64 kennt. Unter UV-Licht zeigt sich merkwürdigerweise ein Leuchten des kompletten Anzuges, dies ist bei allen anderen Jahrgängen nicht der Fall.

Tarnschlaufen des Typs 2 auf dem Rücken und über den Ärmeltaschen.

Der Kampfanzug von 1959 ist die letzte Ausführung mit senkrechten Brusttaschen. Schon beginnend ab Ende 1959 begann die Produktion von Kampfanzugjacken ohne Brusttaschen, diese Einsparung hielt sich bei den Kapuzenjacken bis 1964. Erst mit dem Kampfanzug 64 wurden 1965 wieder Brusttaschen eingeführt, nun in waagerechter Anordnung.

Auffällig ist hier der durchschimmernde Tarndruck auf der Innenseite.

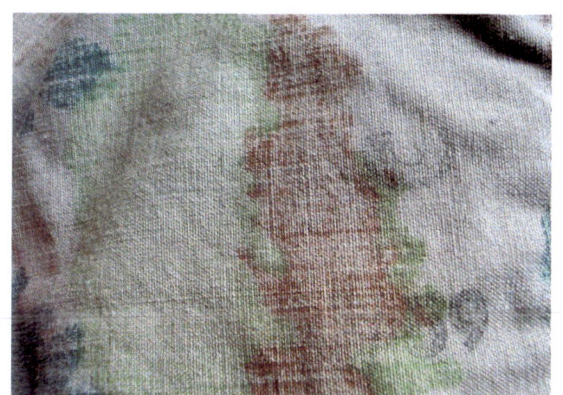 

Auf der Stempelung sind noch die Größe 3 und die 59 auszumachen. Rechts: Ärmelschoner.

Die geöffnete gegengeknöpfte Windschutzleiste gibt hier den Blick auf den viel zu weit unten vernähten mittleren Schließknopf der linken Knopfleiste frei.

 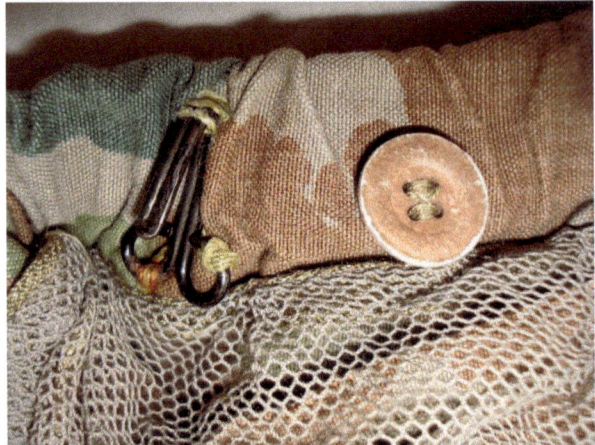

Auch hier noch Pappknöpfe an der Kapuze. Ebenfalls wie bei dem 1958er Modell sind die Knopflöcher der Netztasche waagerecht geschlitzt. Behelfsmäßig angebrachte Stahlhelmhaken.

Die Felddienstanzüge der 50er Jahre waren noch aus sehr dünnem Stoff und als so genannte "Überfallbekleidung" gedacht. Die hier gezeigte 1959er Flächentarnhose ist eine der ersten ihrer Art. Hose und Jacke wirken farbgleich.

Der frühe DDR-Stempel vom 2. Quartal 1959 in der Größe 2. Seltsamerweise befindet sich die Stempelung im Inneren der Hosentasche, scheinbar wurden die Hosentaschen bei der Produktion falsch herum eingesetzt. Die Strippe der Beinverstellung wirkt noch recht einfach.

Beintaschenpatte und Knöchelverstärkung.

Drei flache (dunkelgrüne!) Knöpfe für die Beintasche (links), ab 1960 kam man dann mit zwei gekörnten Plasteknöpfen aus, die mit Splintringen befestigt wurden. In der rechten Beintasche wurde noch eine zusätzliche längliche Einstecktasche eingearbeitet. Über Verstellmöglichkeiten des Hosenbundes verfügt diese Ausführung ebenso wie das 1958er und das 1960er Modell noch nicht, diese konnten erstmals ab dem Herstellungsjahr 1961 festgestellt werden. Lediglich zwei Gummizüge sorgen auch hier für einen festeren Sitz der Hose. Rechts: Hosentasche.

 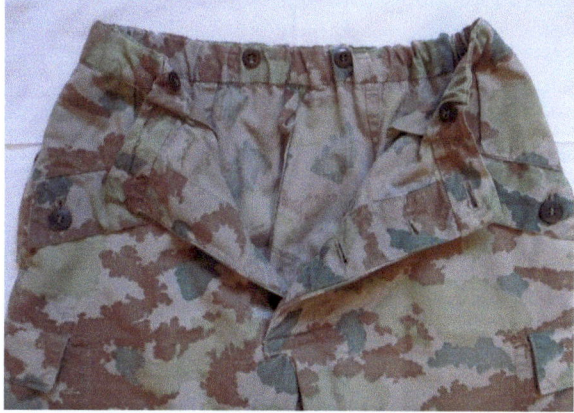

Die Anordnung der Knöpfe an den Hosentaschen wurde bis etwa 1964 beibehalten, allerdings ebenfalls ab 1960 mit grau gekörnten Knöpfen. Ab 1964 (Kragenserie Zwischenlösung) gab es dann nur noch zwei Knöpfe. Seitliche Eingriffe ermöglichten den Durchgriff zur darunter getragen Hose der Dienstuniform. 1959 erfolgte die Befestigung der Hosenträger noch mit flachen Knöpfen.

Kampfanzug Flächentarndruck 1960

Kampfanzug Flächentarndruck 1960

Jacke und Hose dieses Kampfanzuges von 1960 sind neuwertig erhalten geblieben. Schon Ende 1959 wurden bei den Kampfanzugjacken die senkrechten Brusttaschen weggelassen. Stattdessen wurde nun -auch Ende 1959- erstmals die Pistolentasche des Typs 1 verarbeitet. Der Schnitt von 1960 hielt sich in der Herstellung bis auf einige wenige Veränderungen bis 1964.

Ende 1959 wurde erstmals an den Kampfanzugjacken ein Fixierband eingeführt, welches das Einrollen des Stahlhelmtarnbezuges ermöglichte. Überwiegend bis etwa Anfang 1961 vorzufinden: Die Rückenpartie aus einem Stück.

Links: Die Tarnschlaufen wurden nun mit einer darüber liegenden kleineren Zusatzschlaufe versehen, Tarnschlaufe Typ 3. Rechts: Ärmelverstellung mit zwei serienmäßig angebrachten Knöpfen.

 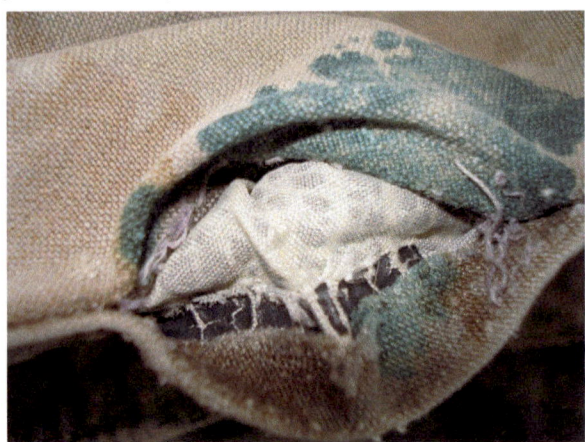

Links: Ärmelschoner. Rechts: Abb. einer anderen 1960er Jacke: Im Inneren der sechseckigen Ärmelschoner konnte plasteartiger Knisterstoff festgestellt werden. Diese Verstärkungen sollten die Ellenbogen des Kampfanzugträgers zusätzlich gegen Verschmutzung und Nässe schützen. In den Knieschonern der Hose sind diese Verstärkungen ebenfalls vorhanden. Ebenso sind die drei Löcher der Knopfdurchführungen der Ärmelverstellung auf einer Länge von 10 cm damit versehen Diese „Sonderausstattung" konnte bisher nur beim 1960er Kampfanzug festgestellt werden und wurde sicherlich aus Kostengründen in den Folgejahren nicht weiter in DDR-Kampfanzügen verarbeitet. Der Knisterstoff dürfte auch bei Fragen der Geräuschtarnung eine ungünstige Rolle gespielt haben. Der Kampfanzug 1960 stellt einen Höhepunkt in der Entwicklung der herkömmlichen DDR-Felddienstbekleidung dar und ist hinsichtlich seiner Qualität, hochwertigen Verarbeitung und Ausstattung in der Fertigung von DDR-Felddienstbekleidung bis 1990 nie wieder erreicht worden.

Sämtliche grau gekörnten Knöpfe sind hier noch die der 1959er Zwischengröße, die bereits alle mit Splintringen gesichert sind. Vermutlich waren deren Ösen zu dünn, so dass ab etwa Mitte 1961 bereits die bekannten etwas dickeren, größeren Knöpfe eingeführt wurden.

Die Bundverstellung mit Holzknebeln, diese Eigenart findet sich in den Felddienstjacken von etwa Ende 1959 bis etwa Anfang 1961. Schon Ende 1959 erfolgte die Umstellung der Stempelung "DDR/I" auf "NVA", "MDI" und "C". Hier eine Größe 3 von 1960. Bei „C"-gestempelten Stücken findet sich meist keine Quartalsangabe.

 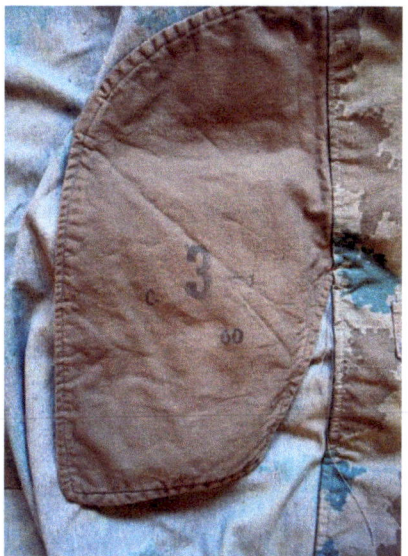

Ebenfalls etwa Ende 1959 bis etwa Anfang 1961 wurden die Tarnschlaufen im Inneren der Felddienstjacken mit Lederbesätzen gesichert. Rechts: Pistolentasche Typ 1.

 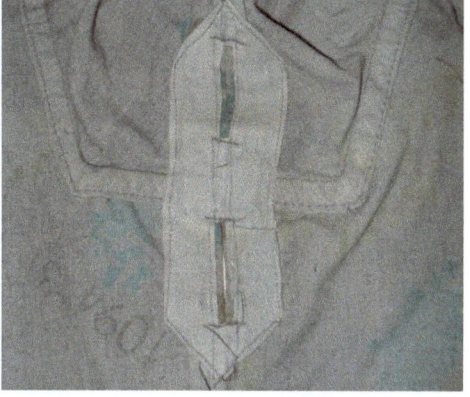

Die Splintringe der Jackenknöpfung sind hier noch mit einem Stoffbesatz verdeckt, welcher links und rechts vernäht ist, sodass man von oben nach unten durchgreifen kann. Von 1961 bis 1964 waren diese Stoffstücke dann an der oberen und rechten Seite vernäht. Die für diese Zeit noch typischen doppelten senkrechten Schlitze der Ventilation.

Die Jacke wurde bereits mit der 1965er Behelfsumrüstung für die Dienstgradabzeichen versehen. Hier die eines Stabsgefreiten in der Ausführung mit gewebter Doppellitze um 1971.

Fixierband für die Kapuze. Serienmäßig angebrachte Stahlhelmhaken. Diese findet man mitunter sogar an 1958er Jacken. Typisch für 1960 sind die sandgelben Knöpfe der Netztasche, der Netzbefestigung und der Kapuzenfixierung.

Braune Bakelitknöpfe. Außen angebrachte D-Ringe für die Hosenträger. Ende 1959 erstmals serienmäßig.

Im Inneren der sechseckigen Knieschoner konnte –ebenso wie in den Ärmelschonern der Jacke– plasteartiger Knisterstoff festgestellt werden. Diese zusätzlichen Verstärkungen konnten bisher nur beim 1960er Kampfanzug (und dem Kampfanzug für Fallschirmjäger und Aufklärer, hier allerdings mit Stoff-Polsterung) festgestellt werden.

Über Verstellmöglichkeiten des Hosenbundes verfügt diese Ausführung ebenso wie das 1958er und das 1959er Modell noch nicht, diese konnten erstmals ab dem Herstellungsjahr 1961 festgestellt werden. Lediglich zwei Gummizüge sorgen auch hier für einen festeren Sitz der Hose. Die Hose von 1960 wurde ebenso wie die Jacke mit den 1959er Knöpfen versehen, die mit Splintringen gesichert sind. Hier noch die sehr aufwendig gestaltete Hosentasche mit dreifacher Sicherung.

Im Gegensatz zu den 1958er und 1959er Modellen kommt das 1960er Modell nun mit nur zwei Knöpfen an den Beintaschen aus. Rechts: Stempelung NVA, 2, I/ 60.

Die Zugbänder der Beinverstellung in brauner, dünner Ausführung. Das Tarnmuster dieses Anzuges weist nach 52 Jahren immer noch ein ungewöhnlich dunkles Grau auf, das Hellgrün ist -für diese Zeit typisch- sehr schwach zu sehen. Rechts: Knöchelschoner, eine Polsterung wurde hier nicht verarbeitet.

1962: Gefreiter vom MSR-3 Brandenburg mit aus der Innentasche der FD-Jacke gezogenen Pistole M ohne Fangschnur. Bild: H. Skutnik, Berlin.   1)

Kampfanzug Flächentarndruck 1961

Diese Flächentarnjacke von 1961 wurde ebenfalls schon aus dickerem Stoff hergestellt und ähnelt noch dem 1960er Modell. Die Bundverstellung erfolgt jedoch nun mit zwei Metallschnallen. Ein wesentliches Merkmal der Kapuzenjacken von 1961 bis 1964.

 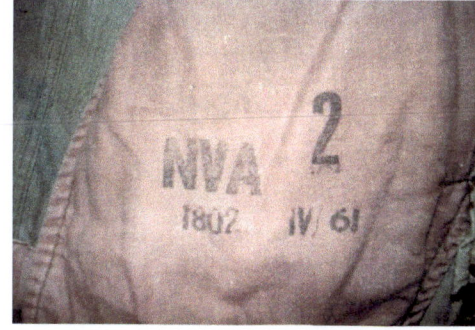

Rechts: Pistolentasche vom Typ 1 (so verwendet von 1960 bis 1964) mit der Stempelung. Die Jacke wurde im 4. Quartal 1961 (Hersteller-Code 1802) in der Größe 2 für die NVA hergestellt.

Um 1964/ 1965 gem. Anordnung Nr. 6/ 64 nachträglich angebrachte Dienstgradabzeichen, hier die eines Leutnants.

Historische Originalbeschreibung: ADN-ZB-Hochneder-Berlin: Sicherung der Staatsgrenze am 13.8.1961. Herbert Warnke, Mitglied des Politbüros des ZK der SED und Vorsitzender des FDGB-Bundesvorstandes, besuchte am 21.8.1961 eine Panzereinheit der NVA, die zur Zeit im Berliner Stadtbezirk Friedrichshain stationiert ist. Urheber: Hochneder, Christa. Deutsches Bundesarchiv (German Federal Archive), Bild 183-85650-0001. Lizenz: GNU-Lizenz für freie Dokumentation.

Anmerkung: Bei den hier abgebildeten Soldaten handelt es sich nicht um eine Panzerbesatzung. An Panzerbesatzungen wurde grundsätzlich keine Flächentarnbekleidung ausgegeben. Im Hintergrund ein T-34 mit aufgepflanzter FDJ-Fahne. 3)

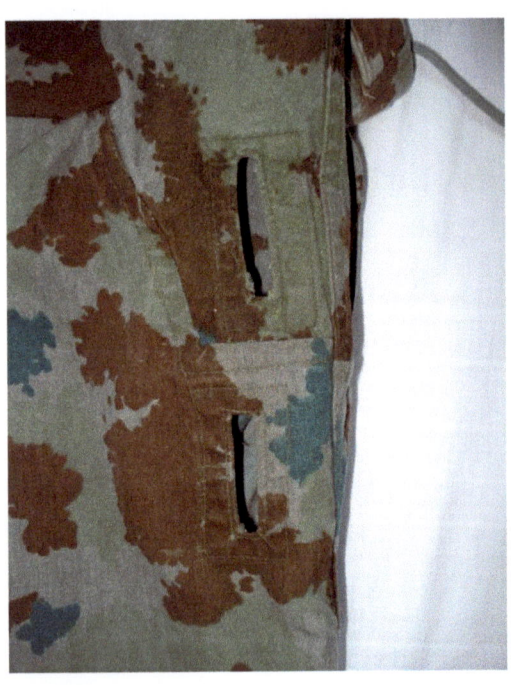 

Nur 1961 waren die rechteckigen Ventilationslöcher unter den Armen zweifach vorhanden, von 1962 bis 1964 in dieser rechteckigen Fertigungsart dann nur noch einfach.

Tarnschlaufen des Typs 3 (1960 bis 1964) auf dem Rücken und über den Oberarmtaschen.

1962: Angehörige des MSR-3 Brandenburg-Hohenstücken mit IMG D und Pistole M in Kampfanzügen der Fertigungsperiode 1960 bis 1961 Diese Flächentarnanzüge gehören zur blasseren, dunklen Ausführung. Foto: H. Skutnik, Berlin. 1)

Diese 1961er Hose ist bereits von etwas dickerer "Drillich"-Qualität und noch im typischen frühen dunkleren Flächendruck mit dem dominierenden Dunkelbraun gehalten. Ab 1962 kam ein etwas heller Farbdruck mit einem helleren Braun und einem helleren Grün heraus. Diese etwas hellere Farb-Version sollte sich bis 1971 halten.

Erstmals ab dem Herstellungsjahr 1961 (Ggf. schon Ende 1960) sind knöpfbare Verstellmöglichkeiten des Hosenbundes feststellbar. Bis dahin sorgten lediglich zwei Gummizüge für einen festeren Sitz der Hose.

1962: Angehörige des MSR-3 Brandenburg-Hohenstücken tragen bei einem Arbeitseinsatz in der Havelstadt Hosen der schwarzen Arbeitsuniform, ein Mann die des Flächentarnanzuges. Diese Hose ist scheinbar noch in der dünneren Stoffausführung gefertigt. Aufgrund der außen angebrachten D-Ringe, des blassen Tarndruckes und der grau gekörnten Plasteknöpfe der Hosentaschen dürfte sie 1960 oder 1961 hergestellt worden sein. Ab etwa 1960 wurden die D-Ringe zur Befestigung der FDA-Hosenträger außen angebracht. Foto: H. Skutnik, Berlin.   1)

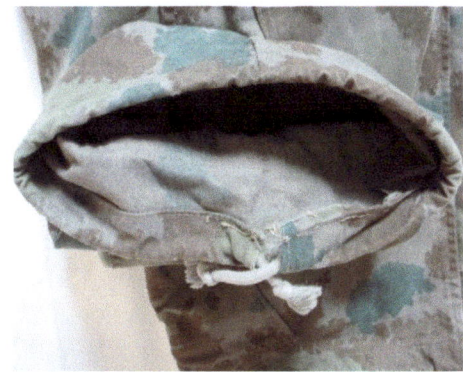 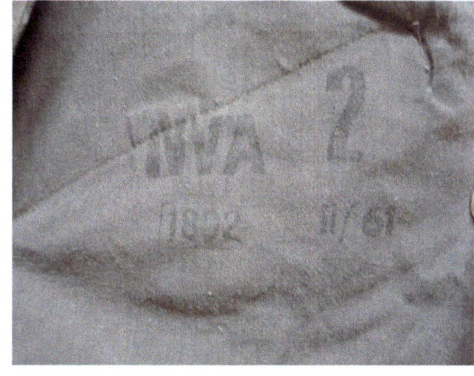

Die Strippe der Beinverstellung ist in der gleichen Qualität wie die der Kapuze verarbeitet. Eine Größe 2 vom 2. Quartal 1961.

1961: Vergleich von zwei Jacken

1961 war das Jahr von einigen Veränderungen an DDR-Felddienstjacken. Die Abbildungen zeigen zwei Jacken, die eine vom 1. und die andere vom 2. Quartal 1961 im Vergleich. Im 1. Quartal findet man noch alle Merkmale von 1960 vor: Bundverstellung mit Holzknebeln, links und rechts vernähte Splintringabdeckungen, Lederbesätze im Inneren der Jacke zur Sicherung der Tarnschlaufen, schlitzförmige Achsel-Ventilation. Das 2. Quartal weist schon einige Neuerungen auf, die bis 1964 immer weiter entwickelt wurden: Bundverstellung mit Metallschnallen, Stoffbesätze im Inneren der Jacke zur Sicherung der Tarnschlaufen, zwei rechteckige Achsel-Ventilation. Die links und rechts vernähten Splintringabdeckungen wurden dann vermutlich im Produktionsprozess erst ab dem 4. Quartal 1961 gegen oben und links vernähte Stücke ersetzt.

Bekleidung und Ausrüstung eines Oberleutnants der Artillerie etwa Mitte/ Ende der 60er Jahre. Tarnjacke des Kampfanzuges im Flächendruck Größe 3, III/ 61, darunter getragene Jacke der Dienstuniform mit hochgeschlossenem, dunklen Kragen mit gestickten Kragenspiegeln. Braunes Lederkoppel und Stahlhelm M 56 der ersten Generation. Das Dienstglas ist ein DF 10 x 50, Hersteller Carl Zeiss Jena. Kartentasche für Berufssoldaten: Lieferer-Nr. 1825, hergestellt III/ 62. Bei dem Scherenfernrohr handelt es sich um ein SF 14/ 57, hergestellt II-65, die Strichplattenbeleuchtung ist angeschlossen. Foto: S. Wetzel, Werder (Havel)   1)

Kampfanzug Flächentarndruck 1962

Ab 1962 kam eine hellere Version des Flächendruck-Musters mit einem hellerem Braun und einem deutlicheren Grün auf. Diese Jacke der Kapuzenserie ist in einem recht guten Zustand erhalten geblieben. Die Imprägnierung ist noch vorhanden, sie verleiht der Jacke aus dem bereits dickeren Stoff eine gummiartige Oberfläche. Die grauen gekörnten Plasteknöpfe lassen sich nur sehr schwer schließen, was darauf schließen lässt, dass die Jacke kaum in Gebrauch war. Denkbar ist, dass sie möglicherweise aus der "Mobilmachungsreserve" stammt, die bis 1990 vorgehalten wurde. Kampfanzüge der Kapuzenserie in diesem helleren Flächdruck wurden von 1962 bis 1964 gefertigt.

Ungewöhnlich ist die recht weit unten angebrachte Befestigung der Knöpfe der Ärmelverstellung. Möglicherweise wurde diese Jacke seinerzeit als 2. oder 3. Wahl eingestuft.

Ab 1962 war das rechteckige Ventilationsloch im Achselbereich nur noch einfach vorhanden.

 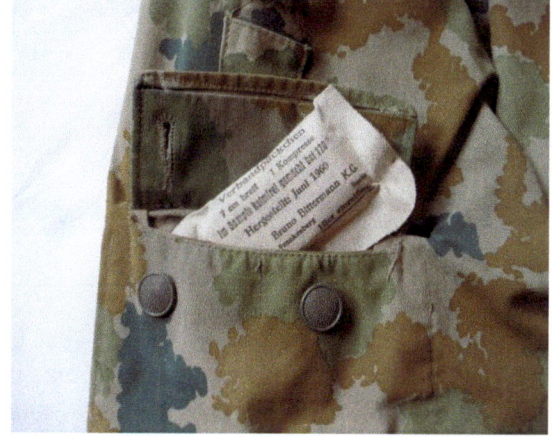

Kein Farbunterschied unter der Taschenpatte. Das Verbandpäckchen wurde Anfang/ Mitte der 60er Jahre in einer der beiden Ärmel- oder Beintaschen verstaut. Lt. Ergänzung Nr. 2 zur DV-10/5 vom 18.01.1964 wurde das Dosimeter DP 70 M in der rechten, das Reservemagazin für die Pistole in der linken Ärmeltasche mitgeführt.

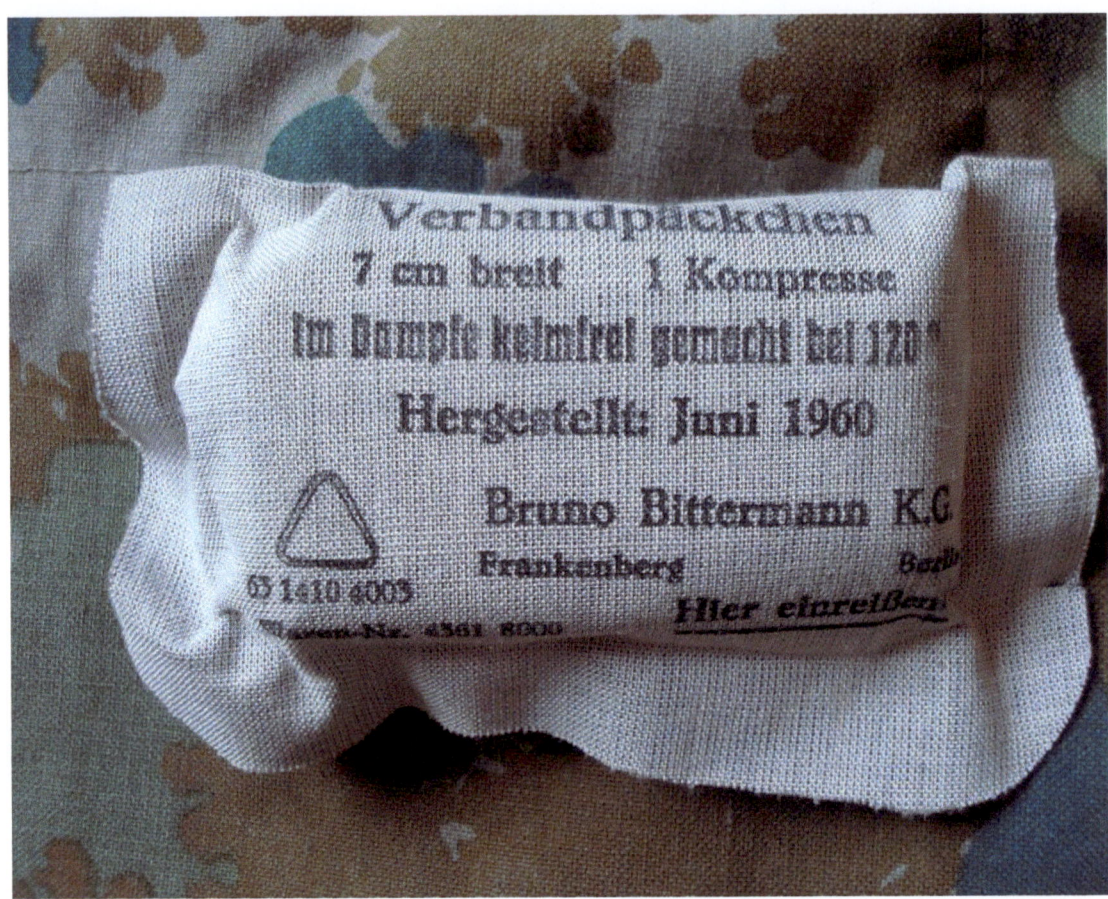

Anfang der 60er Jahre gab es in der DDR neben den staatlichen VEB noch Privatbetriebe, die auch für die bewaffneten Organe produzierten. Das Verbandpäckchen der Bruno Bittermann Kommanditgesellschaft (K.G.) aus dem Jahr 1960 weist in Form, Größe und Aufdruck starke Ähnlichkeit mit seinen Vorgängern aus dem 2. Weltkrieg auf.

Scheint eine Eigenart des Jahres 1962 zu sein: Die identische Musterung beider Patten der Ärmeltaschen (S. auch Hose). Diese Merkwürdigkeit fiel mir auch an einer 1962er Jacke eines anderen Sammlers auf. Ab 1964/ 1965 wurden im Dienst befindliche Feldjacken für die Befestigung von Schulterklappen umgerüstet. Hier ist es wohl beim Versuch geblieben. Die unteren Befestigungen wurden hier wieder entfernt.

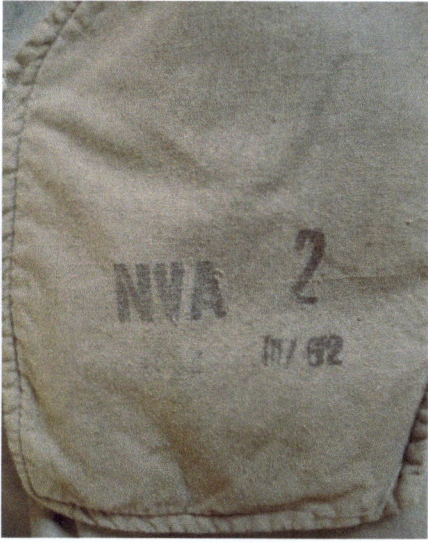

Stahlhelmhaken und Mückenschleier sind komplett vorhanden. Erstaunlich ist nach 48 Jahren der gute Zustand der gesamten Gummizüge. Ab 1963 macht sich eine etwas schlechtere Qualität der Gummizüge bemerkbar, der Gummizug der Kapuze wurde vermutlich ab 1963 an einigen Jacken komplett weggelassen. Die typische "1802" ist auf der Pistolentasche des Typs 1 noch schwach erkennbar. Flächentarnbekleidung wurde in fünf Größen hergestellt, wobei die "1" die kleinste Größe darstellte, die "4" und die „5" wurden scheinbar für Hünen gefertigt. Die hier gezeigte "2" war also eine Durchschnittsgröße. 1964 begann man in der DDR seriell die Größenschlüssel für Felddienstbekleidung auf ein Buchstaben-Zahlen-System umzustellen, dieses blieb dann bis 1990 gültig.

Diese Berufssoldaten tragen den Kampfanzug der Fertigungsreihe 1960 bis 1964 über der Dienstuniform mit hochgeschlossenem dunklen Kragen, die von 1956 bis 1975 verwendet wurde.   1)

Zwei andere 1962er Jacken im Vergleich: Die unterschiedlichen Färbungen im Tarndruck hängen vermutlich mit den damaligen unterschiedlichen Produktionsbedingungen zusammen. Die linke Jacke (C, 2, 62) erscheint extrem dunkelbraun, die rechte (NVA, 2, 1802, III / 62) extrem hellgrün. Im VEB Burger Bekleidungswerke wurden die von der Greizer Textilindustrie angelieferten und schon bedruckten Stoffe zu Kampfanzügen gefertigt. Die manchmal zu vernehmende landläufige Meinung, es handle sich bei den dunklen und hellen Färbungen des Flächentarnmusters um "Herbst-" bzw. "Frühlingstarnung", ist sicher haltlos. 1962 scheint das Jahr des Farbwechsels zu sein, extrem dunkelbraune Töne tauchen, bis auf einige Nuancen, nach 1962 nicht mehr auf.

Granatwerfertrupp der 4. Kp. der 3. oder 20. Volkspolizei-Bereitschaft Potsdam in Kampfanzügen der Fertigungsperiode 1962 bis 1964 Die Flächentarnanzüge gehören bereits zur helleren Ausführung, wie sie ungefähr ab 1962 aufkamen. Der Ladeschütze hat die Ärmel seiner FD-Jacke aufgerollt. Granatwerfer des Typs 37/ 41 aus den 40er Jahren wurden in den Volkspolizei-Bereitschaften der DDR bis 1990 verwendet.   2)

Diese Hose vom 2. Quartal 1962 ist ebenfalls schon im schweren dicken Stoff hergestellt. Seltsamerweise hat man hier noch das etwas dunklere 1961er Muster verwendet, während das Innere der Knöpfleiste des "Hosenstalls" und das Innere der linken Beintaschenpatte schon im helleren 1962er Muster verarbeitet wurde.

Ähnliche Zustände findet man mitunter auch im Inneren der gegengeknöpften Windschutzleiste in 1962er Jacken mit noch dunkler 1961er Färbung. Eigenart des Jahres 1962: Die identische Musterung beider Patten der Beintaschen (S. auch Jacke).

Links unten: Schwarze Stempelung vom 2. Quartal 1962 in sehr gutem Zustand. Nach meinem Kenntnisstand wurden Stempelungen in fünf Farben aufgedruckt: Schwarz (sehr häufig und bei allen Jahrgängen), rot (recht häufig, überwiegend 1963,1965 und 1966), weiß (eher selten), blau (eher selten, überwiegend 1964 und 1965 Kragenserie), grün (eher selten, überwiegend 1965) und gelb vermutlich nur 1958. Rechts unten: Eine Farbanomalie der blaugrünen Farbe über der braunen Farbe (s. auch Jacke 1961). Dieser Punkt mit den zwei waagerechten Strichen wiederholt sich auf dieser Hose alle 45 cm.

Jacke des Uniformtrageversuches im Flächentarndruck 1962

Ein weiteres Rätsel in der Entwicklung der Kampfanzüge im Flächendruck stellt diese Jacke dar. Es handelt sich bei dieser Felddienstjacke vermutlich um einen Bestandteil eines Vorschlages für einen Uniformtrageversuch. Dieser wurde möglicherweise als einer von mehreren Vorschlägen des Direktionsbereiches Forschung und Technik des VEB Burger Bekleidungswerke als vorläufiges Bestätigungsmuster über die Hauptabteilung B/A-Dienst der NVA beim Nationalen Verteidigungsrat der DDR vorgelegt, dann aber für die Fertigung eines Trageversuches in der Truppe nicht bestätigt. Bekannt ist, dass ein anderes Modell hierfür den Zuschlag erhielt, der hier von mir bezeichnete Kampfanzug der Zwischenlösung 1964/ 65, der gleichzeitig den Beginn der Kragenserie darstellt.

1962 (In der Serienfertigung der Zwischenlösung ab 1964) begann man in der DDR die Größenschlüssel für Felddienstbekleidung auf ein Buchstaben-Zahlen-System umzustellen, dass dann bis 1990 gültig blieb. Die seitlichen Einschubtaschen hatten sich vorerst nicht durchgesetzt und tauchen erst ab 1975 bei den dann bekannten FD-Anzügen der 80er Jahre wieder auf.

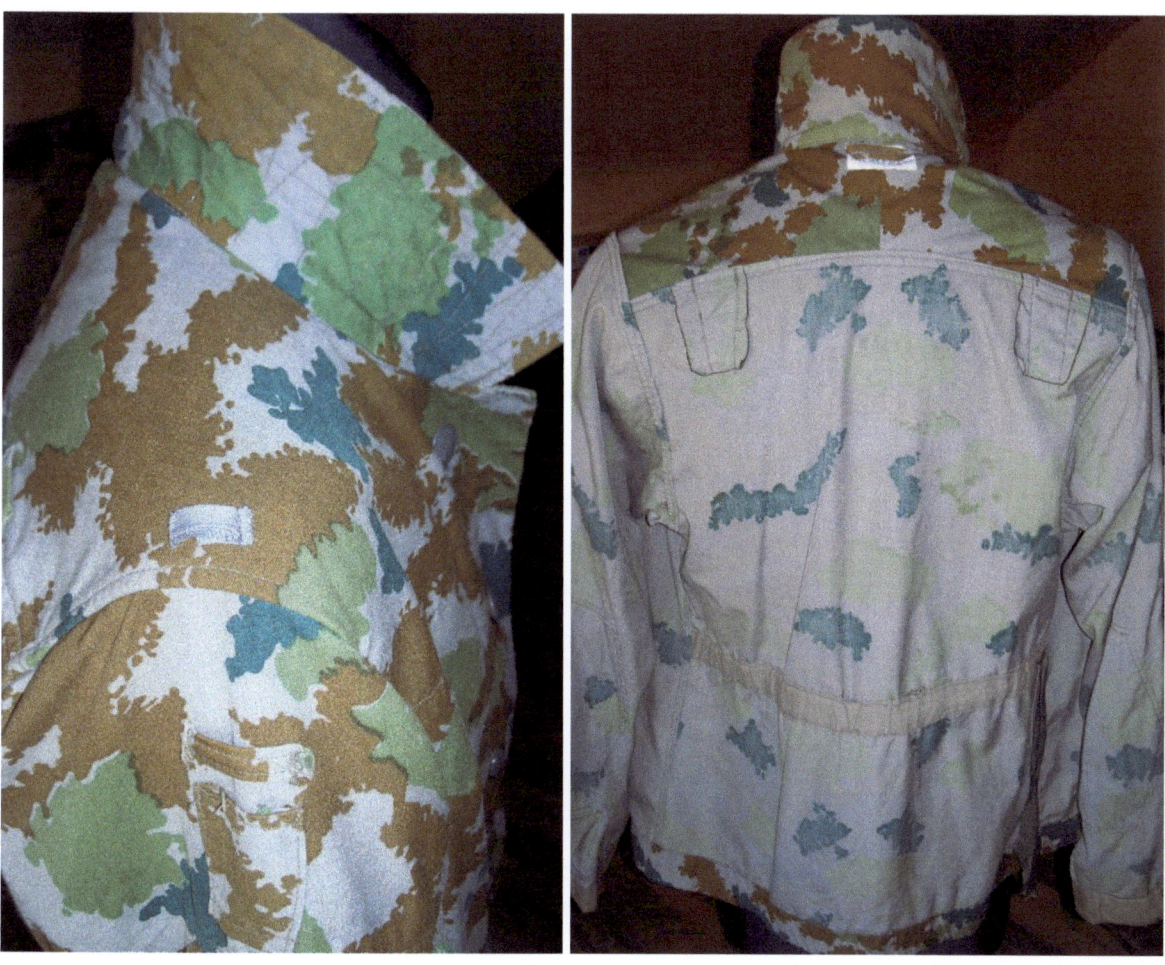

Eigentümlich mutet die einteilige Schulterpartie an. Sie ähnelt stark der der FD-Jacke für Fallschirmjäger und Aufklärer von 1964. Der Kragen ist innen an den Seiten im Zick-Zack abgesteppt. Die Befestigungsschlaufen für Dienstgradabzeichen wurden nachträglich angebracht, merkwürdigerweise fehlen dazu die Doppellöcher. Unter dem Jackenaufhänger befindet sich noch ein Aufnäher mit dem Namen des ehemaligen Trägers. Ein Zeichen dafür, dass diese Jacke im aktiven Dienst stand. Ventilationslöcher unter den Achseln fehlen. Alle Fotos: 1)

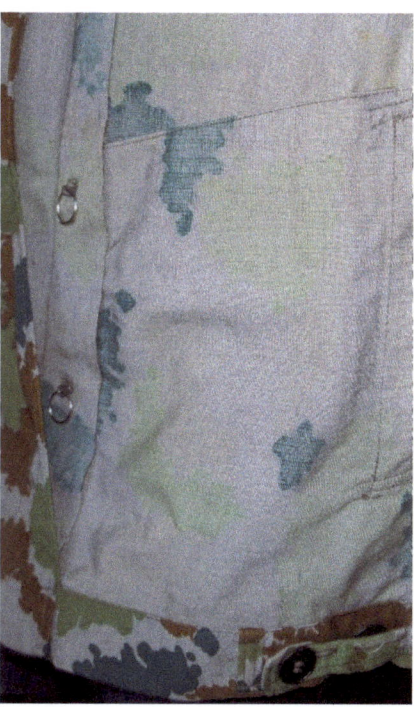

Kampfanzug Flächentarndruck 1963

Schon etwas verblasst und abgenutzt ist diese Flächentarnjacke von 1963. Mückenschleier und die beiden Metallschnallen für die Bundverstellung sind vollständig erhalten, die Stahlhelmhaken fehlen. Die Kapuzenkordel ist nicht die originale und ist bereits ersetzt worden. Die Kapuzenkordel ist bei Flächentarnjacken kein ganzes durchgehendes Stück, sondern besteht aus zwei separaten neben dem Gummizug der Kapuze vernähten Einzelstücken. Jacken der Kapuzenserie in der helleren Farbausführung sind in den Fertigungsjahren 1962 bis 1964 fast identisch. Die hier gezeigte 1963er Kapuzenjacke wurde privat von ca. 1968 bis 1980 im Segelsport auf Potsdamer Havel-Gewässern verwendet. Ab ca. 1980 wurde sie weiter als normale Freizeitjacke genutzt. Ab 1963 macht sich eine schlechtere Qualität der Gummizüge bemerkbar.

Auch 1963 war das rechteckige Ventilationsloch unter den Armen nur noch einfach vorhanden.
Linke Ärmeltasche. Der dunkle Knopf ist der originale 1963er Knopf mit dicker Öse, während der helle ausgetauschte ein 1971er Knopf mit dünner Öse ist. Bei längerem Gebrauch konnte man den Nähten der Ärmeltaschen leider nicht all zuviel zumuten.

Alle grau gekörnten Knöpfe sind mit Splintringen versehen. Die gegengeknöpfte Windschutzleiste war ein wesentliches Merkmal der Flächentarnjacken von 1958 bis 1964. Sie dürfte ihren Ursprung in den 1942/ 1943 eingeführten deutschen wendbaren Wintertarnjacken aus der Zeit des 2. Weltkrieges haben.

Flächentarnjacken mit fehlenden Befestigungen für die Schulterklappen bzw. -stücke sind heute nur sehr schwer zu finden. Eigentlich wurden alle Jacken 1964/ 1965 gemäß Anordnung Nr. 6/64 des Stellvertreters des Ministers für Nationale Verteidigung der DDR und Chefs Rückwärtige Dienste der NVA vom 05.06.1964 dahingehend umgerüstet. Die Ärmelverstellung erfolgte so von 1960 bis 1963. Der Knopf ist leider nicht mehr der originale Knopf, sondern aus den 70er Jahren.

Angehörige der 8. Kp. Transportpolizei Bernburg (Saale) Mitte der 60er Jahre. Gut zu erkennen ist hier die unterschiedliche Druckqualität und Farbtönung der Kampfanzüge. Dienstgradabzeichen sind nicht angebracht. Die 8. Kp. Transportpolizei wurde bereits 1970 nach Potsdam-Eiche verlegt, 1973 dann nach Brandenburg-Plaue und 1980 aufgelöst. Sie bildete den personellen Grundstock für die von 1980 bis 1990 bestehende 9. VP-Kompanie Potsdam-Eiche.

Trageweise von Flächentarn-Kampfanzügen im Winter. Eine Trennung zwischen Sommer- und Winterkampfanzügen erfolgte erst 1965 mit der Einführung des KA 64. Angehörige der 8. Kp. Transportpolizei Mitte der 60er Jahre. Beide Abb.: W. Haß, Potsdam. 1)

Bundverstellung.

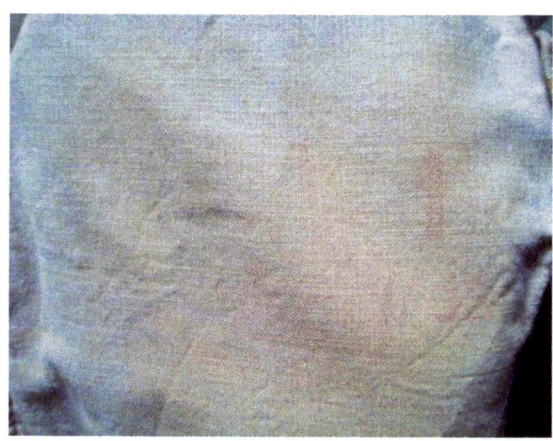
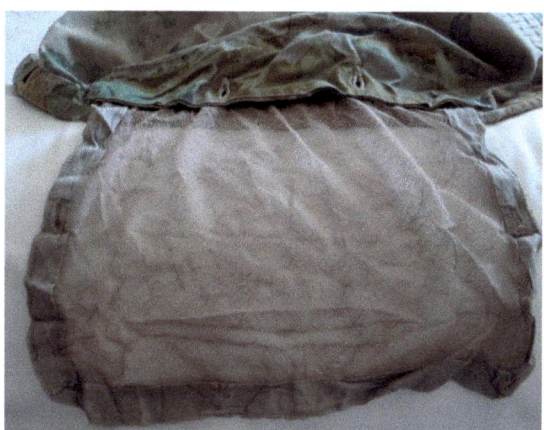

Nur sehr schwer auszumachen: Rotstempelung NVA vom 1. Quartal 1963 in der Größe 1. Rechts der Mückenschleier. Dieser dürfte mehr der Tarnung des Gesichtes gedient haben als dem Fernhalten von Insekten.

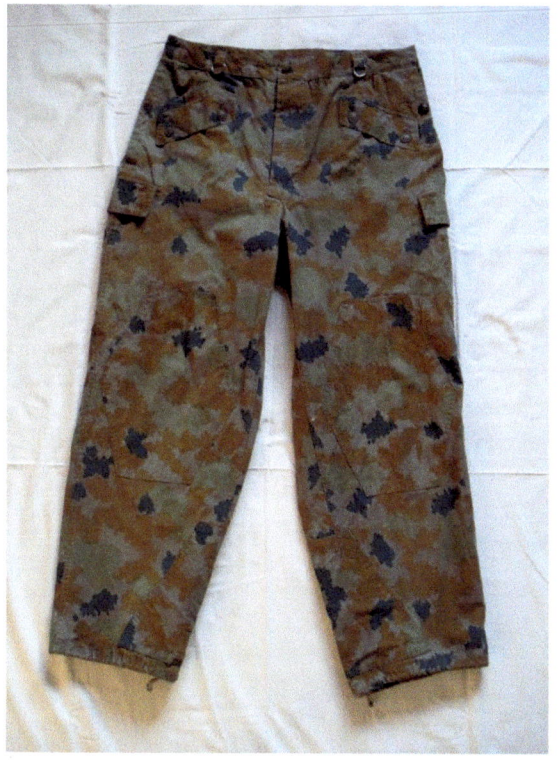

1963er Hose in der helleren Musterung mit den typischen außen angebrachten D-Ringen zur Befestigung von Hosenträgern.

Die grauen gekörnten Plasteknöpfe der etwas stabileren Machart noch mit dicker Öse. Ab etwa 1966/1967 wurden diese vermutlich aus Gründen der Materialeinsparung etwas dünner angefertigt. Die Kordel der Beinverstellung besteht aus dem gleichen Material wie die Kapuzenkordel.

Die Gummizüge der Bundverstellung sind nach nunmehr 47 Jahren nicht mehr ganz so elastisch. Eine Eigenart scheint sich 1963 fortgesetzt zu haben: Die identische Musterung der beiden Beintaschen...

 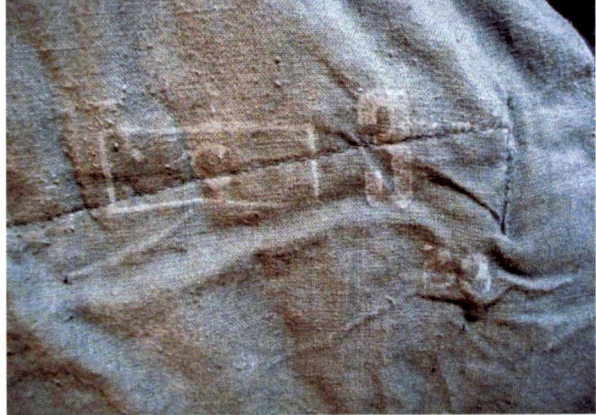

... und hier sogar auch der beiden Hosentaschen. Weiß gestempelt: Das bekannte "C" im Viereck mit einer schon recht groß ausfallenden Größe 3. Die Quartalsangabe vor der Jahreszahl 63 fehlt.

Bundesarchiv, Bild 183-1986-0530-031
Foto: Mittelstädt, Rainer | 30. Mai 1986

Historische Originalbeschreibung: ADN-ZB/Mittelstädt/30.5.86 - Bez. Frankfurt/Oder: Wahl/Gespräch - Über den Einsatz neu entwickelter Maschinensysteme und Mechanisierungsmittel in den Wäldern informierten sich das Mitglied des Politbüros des ZK der SED Harry Tisch, Vorsitzender des FDGB-Bundesvorstandes (2.v.l.), und der Generalforstmeister Rudolf Rüthnick (l) im Institut für Forstwissenschaften Eberswalde. In einem Jungkiefernbestand erläuterte Forstfacharbeiter Harry Lehmann (2.v.r.) den Gästen die Arbeitstechnologie. Quelle: Deutsches Bundesarchiv (German Federal Archive), Bild 183-1986-0530-031. Urheber: Rainer Mittelstädt. Namensnennung: Bundesarchiv, Bild 183-1986-0530-031. Lizenz: GNU-Lizenz für freie Dokumentation.

Flächentarnbekleidung wurde eigentlich bis zum Ende der DDR als Freizeit- oder Arbeitsbekleidung aufgetragen, wie hier 1986 von einem Forstfacharbeiter.   3)

FD-Jacke 1963 umgearbeitet

Beispiel einer zeitgenössisch individuell umgearbeiteten Kapuzenjacke. Diese 1963er Jacke wurde etwa um 1965 sehr fachmännisch der nun herrschenden „Kragenmode" angepasst. Knöpfe für eine Kragenbinde fehlen hier, das heißt, diese Tarnuniform war dazu gedacht, weiterhin über der eigentlichen Dienstuniform getragen zu werden. Aufgeschlauft sind die getarnten mattgrauen Dienstgradabzeichen eines Unterfeldwebels der ersten Ausführung um 1959/ 60 mit noch ganz nach Wehrmachtsvorbild schräg verarbeiteter Unterfeldwebel-Litze, sie stammen von der grau effektierten Dienstuniform. Deren getarnte Dienstgradabzeichen wurden für die Kampfanzüge ab 1965 weiter verwendet.

Kampfanzug Flächentarndruck 1964 mit separatem Stahlhelmtarnbezug

1964 war das letzte Fertigungsjahr von Jacken und Hosen der Kapuzenserie. Schon 1963 testete man in der DDR die Verwendung von Kampfanzügen mit Kragen, ein Charakteristikum, das sich über die Strichtarnanzüge bis 1990 fortsetzte. Der hier gezeigte 1964er Kampfanzug unterscheidet sich bis auf die Größenschildchen in Jacke und Hose sowie den eingesäumten einfachen Ärmellaschen nicht von den Vorgängern aus den Jahren 1962 und 1963.

Rückenansicht und daneben die 1965er Dienstgradumrüstung.

Diese kleinen Größenschildchen sind nach bisherigem Erkenntnisstand ab dem 3. Quartal 1963 in Jacken (links) und Hosen (rechts) der Kapuzenserie verarbeitet worden.

Eingesäumte einfache Ärmellaschen, typisch für 1964. Bundverstellung mit Metall-Schnallen 1961 bis 1964.

Angehörige der 8. Kp. Transportpolizei Mitte der 60er Jahre. Die Bilder zeigen eindrucksvoll die Übergangsperiode der Ausstattung mit Flächentarn-Felddienstbekleidung der Kapuzenserie (Mitte und rechts) sowie der Kampfanzug-Zwischenlösung um 1964/ 65 (links). Interessant auch die unterschiedlichen Trageweisen der Hosenbeinenden sowie die uneinheitliche Ausstattung mit TSM-Taschen. Beide Abb.: W. Haß, Potsdam. 1)

Diese Aufnahmen entstanden etwa 1977/ 78 am Ostseestrand von Breege, GST-Ausbildungslager des VEB Kraftverkehr Cottbus. Die beiden Gruppenführer rechts im Bild (obere Abb., untere Abb. links und rechts) tragen Flächentarnjacken der Kapuzenserie. Diese gehörten aber nicht zur herkömmlichen Bekleidung der GST und wurden nur zum Wachdienst getragen. Am Ende des Ausbildungslagers wurde allergrößter Wert darauf gelegt, dass diese Jacken wieder in der B/A-Kammer abzugeben waren. Beide Abb.: Steffen Schäfer, Cottbus. 1)

MDI-gestempelte B/A wurde nicht nur an die Volkspolizei ausgegeben. Im September 1961 wurde die Deutsche Grenzpolizei aus der Unterstellung des MdI der DDR herausgelöst und nun als Grenztruppen dem MfNV unterstellt. MDI-gestempelte B/A wurde bis etwa 1965 auch für die Grenztruppen hergestellt. Das MfS hatte in der Flächentarnära keine eigene B/A-Stempelung und nutzte vermutlich ebenfalls die bekannten NVA- und MDI/ MdI-Codes.

 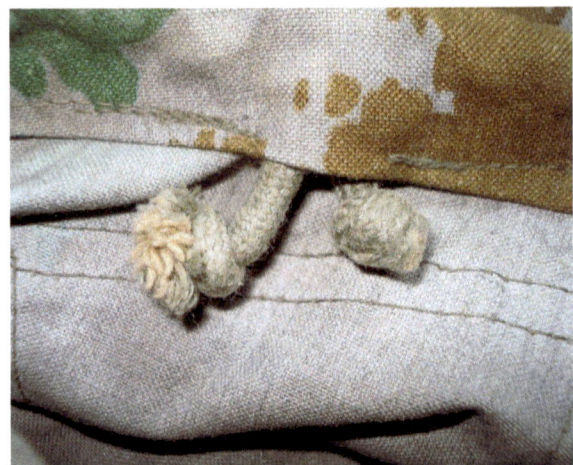

Dosimetertasche in der rechten Beintasche und Kordel der Beinengerstellung.

Rechts unten: Der erste separate Stahlhelmtarnbezug ist als Provisorium zu betrachten. Er wurde etwa um 1964 mit Tarnschlaufen ähnlich den Helmbezügen der Wehrmacht bzw. Waffen-SS gefertigt. Eine Ähnlichkeit zu den Helmbezügen der Schweizer Armee ist ebenfalls gegeben. Dieser erste separate Tarnbezug wurde noch zum Kampfanzug der Kapuzenserie getragen, wobei die fest angebrachte Kapuze der FD-Jacke eingerollt blieb. Abb. rechts unten: 1)

FD-Jacke 1964 schwarz eingefärbt

Die hier abgebildete Jacke von 1964 ist mit allen Details komplett erhalten, allerdings ist sie vermutlich zeitgleich mit der Einführung des Kampfanzuges 64 als Arbeitsuniform K 3 schwarz eingefärbt worden.

Angehörige der 3. oder 20. Volkspolizei-Bereitschaft Potsdam beim "Winterkampf" in einem offenbar vom Frost stark mitgenommenen DDR-Braunkohle-Tagebau vermutlich Mitte/ Ende der 70er Jahre. Die Männer tragen ein Sammelsurium an unterschiedlicher schwarzer Arbeitsbekleidung und graublauen Overalls, den "Arbeitskombis". Der Mann links im Vordergrund trägt eine schwarz eingefärbte Flächentarnuniform, bei der die Kapuze wahrscheinlich entfernt worden ist. Erkennbar sind Ärmel- und Beintaschen sowie die Rückentarnschlaufen. Die Temperaturen scheinen angenehm zu sein, Winterbekleidung ist auf dem Bild nicht zu sehen und die Männer tragen bereits die polizeigrünen Sommer-Feldmützen. 2)

Schwarze gekörnte Knöpfe, ob diese die Originalfarbe aufweisen oder durch den Einfärbungsprozeß farblich von grau zu schwarz verändert wurden, kann nicht gesagt werden. Es sind jedenfalls auch nicht eingefärbte FD-Stücke mit schwarzen Knöpfen bekannt. Schnalle der Bundverstellung.

Knopf zur Befestigung der eingerollten Kapuze. Auch 1964 war das rechteckige Ventilationsloch unter den Armen nur noch einfach vorhanden.

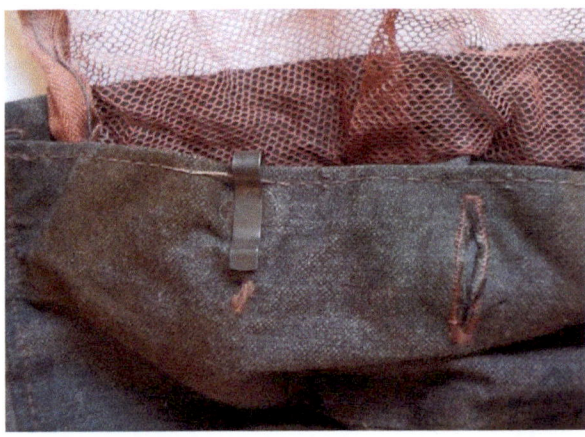

Selten: Fehlende Befestigungsmöglichkeiten für die Dienstgradabzeichen. Stahlhelmhaken in dieser Form gab es serienmäßig von 1960 bis 1964. Der Mückenschleier hat wegen der schwarzen Einfärbung bereits eine rötliche Farbe angenommen.

Die rechte Rücken- und Ärmeltarnschlaufe des Typs 3. Das "C" im Viereck, Größe 2 und das Jahr 64 aufgedruckt auf der Pistolentasche, in der Endphase der Fertigung der Kapuzenserie kam man vermutlich ohne Quartalsangabe aus.

Im Inneren der Jacke ist auch hier unter dem Fixierband für die Kapuze ein Schildchen angebracht. Es zeigt eine Größe 3 an, diese passt aber merkwürdigerweise nicht mit der auf der Pistolentasche aufgestempelten Größe 2 zusammen. Die recht einfache Kapuzenkordel weist eine ungewohnte braune Farbgebung auf und ist qualitativ mit der bisher bekannten grau-grünen dickeren Kordel nicht mehr zu vergleichen. Vorsicht! Es tauchen mittlerweile auf Sammlermärkten schon schwarz eingefärbte Repros auf, um einen höheren Verkaufspreis zu erzielen. Diese sind am gröberen Stoff und der dünnen und etwas zu groß geratenen Pistolentasche zu erkennen.

Anzeige
Erfahren Sie mehr im www unter
Flächentarn-Krauß

Kampfanzug Flächentarndruck 1963/ 1964
„Zwischenlösung Kragenserie" mit Stahlhelmtarnbezug (Beginn der Kragenserie)
(Stahlhelmtarnbezug Sammlung K. Kaulfersch)

Das Jahr 1964 brachte einige gravierende Veränderungen im Erscheinungsbild von DDR-Kampfanzügen mit sich, es war das letzte Fertigungsjahr von Jacken der Kapuzenserie. Bereits 1962 testete man in der DDR Kampfanzüge mit Kragen. Von der ersten Version des Kampfanzuges mit Kragen gab es in zwei Ausführungen, eine aus sehr dünnem Stoff und eine aus dem gröberen bekannten Stoff (s. Kampfanzug Flächentarndruck 1965 „Zwischenlösung Kragenserie" mit Stahlhelmtarnbezug). Die hier dargestellte Felddienstuniform der NVA im Flächendruck in der sehr dünnen Stoffausführung ist seltener anzutreffen und dürfte sich im Gegensatz zu den schnittgleichen etwas helleren Flächendruck-Felddienstuniformen im gröberen Gewebe im Dienst und in der Ausbildung nicht sonderlich bewährt haben.

Bundesarchiv, Bild Y 10-0765-87
Foto: MBD | 12. Oktober 1963

Historische Originalbeschreibung: Besuch Erich Honecker an Grenze/ An der Staatsgrenze West informiert sich Erich Honecker über die Lage im Grenzabschnitt/ 12. Oktober 1963/ Urheber: MBD. Namensnennung: Bundesarchiv, Bild Y 10-0765-87 / CC-BY-SA. Lizenz: GNU-Lizenz für freie Dokumentation.

Eine Tatsache, die bislang weitestgehend unbekannt war: Schon 1962 erfolgte in der DDR erstmals die Fertigung von Kampfanzügen mit Kragen. Die Aufnahme entstand am 12. Oktober 1963 und zeigt einen Hauptmann (ein dicker und vier dünne Streifen am linken Oberärmel) der Grenztruppen in diesem neuartigen Kampfanzug, dessen Hosen auch schon die seltsamen Beuteltaschen aufweisen. Möglicherweise wurden diese neuen Kampfanzüge zuerst an die Angehörigen der Grenztruppen ausgegeben. Dieser Kampfanzug ist durchaus als Zwischenlösung zwischen der alten Kapuzenserie und dem neuartigen KA 64 zu betrachten.   3)

Die Jacke ist im Gegensatz zu ihrem 1964er Kapuzenvorgänger in bemerkenswert dünnem Stoff hergestellt, sie macht den Eindruck einer leichten Sommerjacke. Vermutlich spielten auch Einsparinteressen in der DDR bei der Erprobung dieses Modells eine wesentliche Rolle, waren doch die Jacken der vorherigen Kapuzenserie recht aufwändig und hochwertig verarbeitet. Interessant der dunkle Braunton, der eigentlich seit 1962 etwas heller ausfiel.

Während bei den Kapuzenjacken von 1960 bis 1964 eine gewisse Kontinuität im Erscheinungsbild gegeben war, zeigten die Entwickler der Kragenjacken durchaus Mut zur Veränderung: Von 1963/ 64 bis 1971 sind jährliche Veränderungen und Abweichungen -oft auch quartalsübergreifend- zum jeweiligen Vorgängermodell erkennbar, so dass man bei diesen Jacken das Herstellungsjahr auch vom Äußeren her gut bestimmen kann. 1963 bis 1965 waren die Produktionsjahre von Flächentarnjacken mit den eigentümlichen Schulterstreifen. Diese dienten vermutlich der Fixierung des Tragegestells. Jacken dieses Typs mit noch vorhandenen Schulterstreifen sind heute nur noch sehr selten anzutreffen, hinzu kommt außerdem der Umstand, dass die hier abgebildete Jacke noch nicht für die Befestigung von Dienstgradabzeichen auf den Schultern umgerüstet wurde. 1964 ist auch zum ersten Mal ein Aufhänger im Inneren des Kragens zu finden, dieser wurde bis zum Ende der DDR über die Strichtarnjacken beibehalten.

Die vier schwarzen Knöpfe hinter dem Kragen dienten der Befestigung einer separaten Kapuze. Diese Kapuzen sind eigentlich noch seltener anzutreffen als die entsprechenden Jacken selbst und werden heute mitunter aus Zeltbahnstoff im Flächendruck recht schnittgetreu nachgemacht.

Ärmelbündchen ähnlich wie bei den Jacken der Kapuzenserie, jedoch sind diese nun nicht mehr angesetzt. Die Bundverstellung des Gummizuges ist nun wieder ähnlich wie die bei den 1958er und 1959er Jacken gestaltet.

Von 1963/ 1964 bis 1968 (ab 1967 nur noch über den Ärmeltaschen) wurden Tarnschlaufen des Typs 4 verwendet. Im Inneren der Ärmel sind die Tarnschlaufen -wie bei den Kapuzenjacken- mit je einem Flicken aus Flächentarnstoff gegen genäht. Bei den Schlaufen auf dem Rücken der Jacke wurden diese inneren Flicken jedoch nicht verarbeitet.

Bei Flächentarnmaterial häufig anzutreffen: Stoff geringerer Druck- oder Farbqualität wurde an nicht sichtbaren Stellen verarbeitet, wie hier im Inneren der Knöpfleiste. Die Knöpfleiste verdeckt die Knöpfe in einer einfachen Knöpfung (auch den oberen und den unteren Knopf), eine aufwändig gestaltete, gegen geknöpfte Windschutzleiste wie bei den Jacken der Kapuzenserie ist nicht mehr vorhanden und wurde bis zum Ende der DDR auch nicht wieder aufgegriffen. 1963/ 64 erfolgte auch erstmalig die Verwendung von Ärmeltaschen mit nun sichtbaren und durch die Patte hindurch zu schließenden grau gekörnten Knöpfen, die ebenfalls noch mit Splintringen befestigt sind. Wurden diese bei den Jacken der Kapuzenserie noch von oben in die Ärmeltasche eingearbeitet, müssen die Splintringe hier nun mühsam von unten angebracht werden. Ärmeltaschen mit sichtbaren Knöpfen wurden über die Ein-Strich-kein-Strich-Kampfanzüge bis etwa Mitte/ Ende der 70er Jahre beibehalten, etwa ab 1975 bis zum Ende der DDR waren dann wieder die Knöpfe verdeckende Ärmeltaschenpatten vorhanden.

Die sackähnliche Pistolentasche des Typs 2 ist nun vernäht und in den Kragen-Jacken der Herstellungsjahre von 1964 (1963?) bis 1969 zu finden. 1964 fehlen noch Knopf und Schließlasche, die Pistolentasche kann auch mit der Jackenknöpfung nicht geschlossen werden. Bei den Kapuzenjacken erfolgte das Verschließen der Tasche (Typ 1) durch das vollständige Zuknöpfen der Jacke. Insofern kann angenommen werden, dass es sich bei der "Pistolentasche des Typs 2" von 1964 vielleicht doch nur um eine einfache Innentasche gehandelt hat. Alle grau gekörnten Knöpfe dieser Jacke, auch die der Ärmeltaschen, sind noch mit Splintringen befestigt.

Hergestellt für die NVA in der mittleren (m) Größe 44 vom Hersteller 1802 (VEB Burger Bekleidungswerke) vom 3. Quartal 1964? Die Jahreszahl scheint hier nicht nur schwach aufgedruckt oder ausgewetzt zu sein, sondern sie fehlt hier leider gänzlich. Anhand ihrer Merkmale und der oben dargestellten Abbildung kann diese Jacke sowohl dem Produktionsjahr 1964 als auch 1963 zugeordnet werden. Blaue Stempelungen tauchen überwiegend 1964 und 1965 auf.

Die Taillenverstellung des Zugbandes ist noch wie die bei den Jacken der Kapuzenjacke gestaltet. Die Ventilation mit den vier eingebördelten Löchern wurde erstmals 1964 (1963?) so produziert.

Schießausbildung in Craula (Thüringen) 1965 - 1968. Die MPi-K-Schützen tragen Kampfanzüge der Kragenserie sowie den dazu gehörenden separaten Stahlhelmtarnbezug. 1)

1964er Jacke mit angeknöpftem Stahlhelmtarnbezug aus der Sammlung K. Kaulfersch. Bild: K. Kaulfersch, Berlin. 1)

1964 wurden die Tarnbezüge teilweise im Inneren auf beiden Teilen noch mit Fertigungsmarkierungen versehen. Die letzten beiden Ziffern geben hier –wie bei Jacken und Hosen auch– die Konfektionsgröße (52) an. Bilder: K. Kaulfersch, Berlin. 1)

Die dazu gehörende Hose besteht ebenfalls aus dem sehr dünnen „Überfall"-Stoff. Quartalsgleiche blaue Stempelung wie in der Jacke, allerdings ist das „M" für die Angabe der mittleren Größe hier mit einem Großbuchstaben dargestellt. Nur zwischen 1963 und 1965 wurden diese Kampfanzüge produziert, bei denen die Kragenjacken noch keine Brusttaschen besaßen und deren Hosen die eigentümlichen Cargotaschen aufwiesen. Es handelt sich hierbei vor der Einführung des Kampfanzuges 64 um eine Art Zwischenlösung, als sich die DDR-Militärführung über die weitere Ausrichtung der künftigen Felddienstbekleidung vermutlich noch nicht ganz im Klaren war. Möglicherweise standen beide Kampfanzugmodelle auch im Test-Wettbewerb, an dessen Ende sich schließlich der modernere KA 64 mit seinen Brusttaschen durchsetzen konnte.

Innere Verstellmöglichkeiten für den Hosenbund wurden bei diesem Modell, genau wie beim schnittgleichen Kampfanzug von 1965 im dickeren Stoff, nicht eingearbeitet. Seitliche Durchgriffe mit Sicherungsknopf für die unter dem Tarnanzug getragene Dienst- bzw. Drillichuniform.

In der rechten Beintasche eine Einstecktasche in den Abmessungen 6,5 x 16 cm und eine zweifach geteilte Tasche für die Aufnahme von zwei Teströhrchen zur Anzeige atomarer Verstrahlung bzw. chem. Vergiftung, Abmessungen 4 x 8 cm.

Die Beintaschen weisen genau wie beim schnittgleichen Kampfanzug von 1965 im dickeren Stoff die eigentümliche „Blasebalg"-Form auf.

Alle grau gekörnten Knöpfe des Felddienstanzuges sind mit Splintringen befestigt.

Kampfanzug für Fallschirmjäger und Aufklärer Flächentarndruck 1964

Schon auf Bildern eine absolute Rarität: Die erste Version des DDR-Kampfanzug für Fallschirmjäger und Aufklärer im Flächendruck. Er zählt heute zu den seltensten Tarnanzügen weltweit, für ihn werden mittlerweile utopische Preisvorstellungen aufgerufen. Charakteristisches Merkmal sind die zusätzlichen Taschen auf den Unterärmeln, die bei dem 1965er Modell und den Strichtarn-Nachfolgern nicht fortgeführt wurden.

Dieser Kampfanzug wurde vom 1. August 1961 bis zum 31. Januar 1962 getestet. Er wurde an Aufklärer, an Angehörige des Fallschirmdienstes der Luftstreitkräfte und an die Fallschirmjäger ausgegeben. Bis dahin verwendeten diese Spezialkräfte die herkömmliche Felddienst-B/A.

Vorsicht! *Es tauchen immer wieder Fälschungen/ Reproduktionen von Fallschirmjäger-/ Aufklärerjacken auf. Hierbei handelt es sich meist um Jacken der Kapuzenserie von denen die Kapuze abgetrennt und durch einen Bündchenkragen ersetzt wurde. Diese Falsifikate erkennt man aber leicht an dem fehlenden seidenartigen Innenfutter, der fehlenden Ellenbogenpolsterung, der meist zweiteiligen Rückenpartie, der vorhandenen Schulterabschlussnaht sowie an den teilweise nachträglich angebrachten Unterarmtaschen.*

Die hier gezeigte Jacke dürfte aus dem Jahr 1964 stammen, die Tarnschlaufen des Typs 4 deuten zumindest daraufhin. Stempelungen sind nicht (oder nicht mehr) vorhanden. Beide Rückentarnschlaufen wurden entfernt. Die fast rechteckige Form des Typs 4 ist noch gut erkennbar.

Die Ellenbogen der Jacke sind, genau wie die der Hose, mit Lanonsteppwatte gepolstert. Die linke obere Ärmeltasche dieser Jacke ist etwas Besonderes. Sie ist dreigeteilt und war möglicherweise ebenfalls für die Aufnahme der Dosimeter-Röhrchen oder gar schmerzlindernder Medikamente im Rahmen der ABC-Kontamination (Atropin-Indikatoren?) gedacht. Nur die beiden Knöpfe an dieser Tasche bestehen aus vollem, dunkelgrünem Hartplastematerial in ähnlicher Form der bekannten grauen Felddienst-Knöpfe. Sie zeigen auf der Oberfläche eine Streifenstruktur und sind vernäht. Alle anderen Knöpfe der Jacke sind mit den bekannten "Schlüsselringen" befestigt.

Markantestes Merkmal des ersten Modells des Kampfanzuges für Fallschirmjäger und Aufklärer sind die Unterarmtaschen auf beiden Ärmeln. Diese fielen auf dem KA für FJ und Aufklärer von 1965 bereits weg. Für die Trageweise der Dienstgradabzeichen ab dem 01.01.1965 umgerüstet. Zu beachten ist hier die weit in den Rückenbereich heruntergezogen Schulternaht. Erst um 1973/ 74 setzte sich dann auf den Fallschirmjägerjacken im Strichtarndruck der Trend durch, die Dienstgradabzeichen aufzunähen.

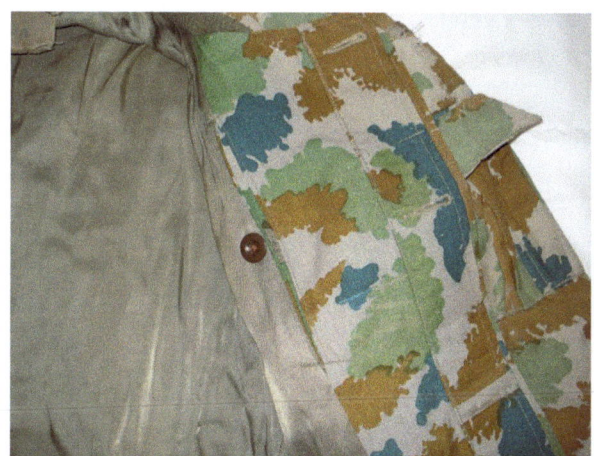 

Anzeige
Erfahren Sie mehr im www unter
Flächentarn-Krauß

Gefechtsausbildung im Aufklärungsbataillon 4 (Erfurt) 1965 – 1968: NVA-Aufklärer (herkömmliche Feldmütze!) mit Spähwagen SPW 40 P.   1

Die Hose des Kampfanzuges für Fallschirmjäger und Aufklärer von 1964 in der Vorderansicht.

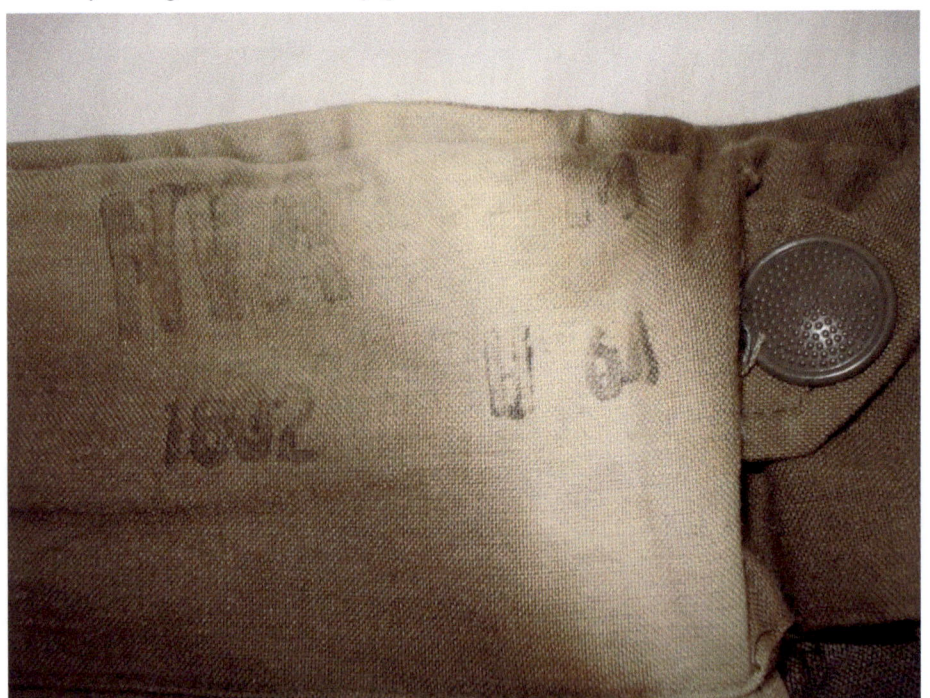

NVA, Größe 52m, Hersteller 1802, Herstellung im 2. Quartal 1964.

 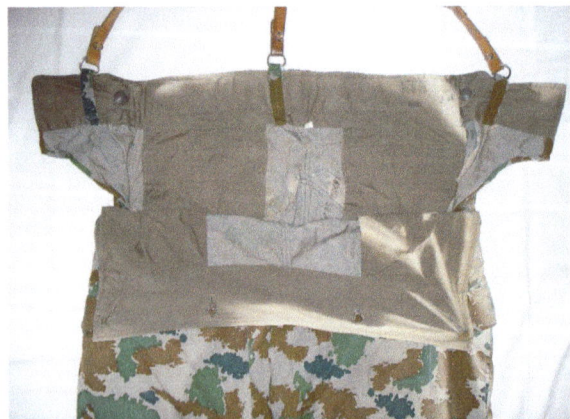

Bei diesem Modell entfiel der sonst übliche "Hosenstall", stattdessen findet sich hier ein "Hosenlatz" mit sechs grau gekörnten Knöpfen.

In der rechten Beintasche wurde eine Pistolentasche aus Kunststoff eingearbeitet, der Taschensack entfiel dafür. In der linken Beintasche befindet sich eine 12 x 5 cm große Einstecktasche in Messerform, die vermutlich für die Aufnahme des Kappmessers vorgesehen war. Rechts das Innere der Pistolentasche. Der Kunststoff erinnert stark an Kroko- oder Schlangenhaut-Imitat der Damenhandtaschen-Mode der 60er Jahre.

Gepolsterte Knieschoner gab es nur bei diesem Hosen-Modell im Flächendruck und der herkömmlichen 1960er Feldhose. Die Verengung der Hosenbeine kann mit drei Knöpfen verstellt werden. Alle grau gekörnten Knöpfe dieser Hose sind mit den bekannten Splintringen befestigt.

Die Hose des ersten Modells des Kampfanzuges für Fallschirmjäger und Aufklärer war nach jetzigem Erkenntnisstand das einzige Modell innerhalb der Flächentarn-Reihe mit zwei Gesäßtaschen. Ganz rechts ist die in den vorderen Hosenlatz eingearbeitete Hosentasche zu erkennen.

Die Hose des Kampfanzuges für Fallschirmjäger und Aufklärer von 1964 in der rückwärtigen Ansicht.

Vor dem VEB Optima in Sömmerda/ Thüringen 1965 - 1968. Die Männer tragen Kampfanzüge der Kapuzen- als auch der Kragenserie. Der Mann ganz rechts im Bild trägt das erste Modell des Kampfanzuges für Fallschirmjäger und Aufklärer, gut zu erkennen an der zusätzliche Unterarmtasche und der Beinverengung der Hose. Bei dem Fahrzeug handelt es sich um einen Spähwagen SPW 40 P. Hier wurde das Fahrzeug vorschriftsmäßig bei längerem Halt durch einen Vorlegekeil hinter dem Vorderrad gesichert.   1)

Fallschirmjäger während einer Rast an der Autobahn vor ihrem Kübelfahrzeug P 3 aus DDR-Produktion. Die drei Männer in den Fallschirmjägerkampfanzügen tragen einteilige Baskenmützen in der Ausführung für Berufssoldaten mit eichenlaubumringter Kokarde. 1)

Die Männer auf diesen beiden Abbildungen tragen die einteiligen Baskenmützen in der Ausführung für Zeitsoldaten. 1)

Diese beiden Aufnahmen entstanden während der Parade am 1. Mai 1964 in Berlin, hier wurde der Kampfanzug für Fallschirmjäger und Aufklärer erstmals der Öffentlichkeit bekannt. In der unteren Abb. Das Kübelfahrzeug P 3. Kommandant des Fahrzeuges ist der von 1962 bis 1966 amtierende Kommandeur des FJB-5 Major Hubert Pardella.   Abb. 1 und 2: 1)

Kampfanzug Flächentarndruck 1965
„Zwischenlösung Kragenserie" mit Stahlhelmtarnbezug

Das 1965er Model ähnelt stark dem von 1964, jedoch ist der Stoff viel dicker und es sind nun provisorische Befestigungsmöglichkeiten für die Dienstgradabzeichen (hier Stabsfeldwebel) eingearbeitet. Die Jacke hat noch nicht die figurbetonte Form der späten 60er Jahre. Diese Kampfanzüge mit Kragen von 1964/65 können in der Gesamtbetrachtung der Entwicklung der DDR-Felddienstbekleidung als Zwischenlösung betrachtet werden.

Die kleinen Pappknöpfe für die Befestigung einer Kragenbinde fehlen hier noch, unter den Kampfanzügen der Reihe 1964 und 1965 wurden also noch weiterhin die Drillich- bzw. die Dienstuniformen getragen. Hinter dem Kragen konnte an vier Knöpfen hier ein Tarnbezug für den Stahlhelm M 56 angeknöpft werden.

Angehörige der Grenztruppen in Felddienstbekleidung der Zwischenlösung 1964/ 1965 mit bereits provisorisch angebrachten Schulterklappen. Beide Abb.: K. Kaulfersch, Berlin.   1)

Die Schulterstreifen für die Tragegestellfixierung wurden hier entfernt, um die provisorische 1965er Dienstgradumrüstung einarbeiten zu können. Bei einigen Jacken dieser Serie wurden die Schulterstreifen belassen, was ein Anbringen der Dienstgradabzeichen etwas erschwerte.

Identische Ärmel- und Rückentarnschlaufen wie beim 1964er Vorgängermodell, diese weisen eine etwas quadratischere Form als die der Kapuzenjacken auf. Zu beachten ist die geteilte Rückenpartie.

Gab es ab 1963/ 1964 erstmalig: Die fest eingenähte Pistolentasche des Typs 2. Die dunkelgrünliche Stempelung auf der Pistolentasche, die es in dieser Farbe vermutlich überwiegend 1965 gab: Nationale Volksarmee, die Größe m (mittlere Größe) 48, codierter Hersteller 1802 (VEB Burger Bekleidungswerke), 1. Quartal 1965. Die mittels Splintringen befestigten Knöpfe der Schließleiste der Jacke sind nun verdeckt. Eine gegen geknöpfte Windschutzleiste wie bei den Kapuzenjacken ist nicht mehr vorhanden.

Angehörige der 8. Kp. Transportpolizei Bernburg (Saale) Mitte der 60er Jahre. MDI-gestempelte Felddienstbekleidung der Zwischenlösung 1964/ 1965 wurde also nicht nur an die GT, sondern auch an die DVP ausgegeben. Die provisorischen Dienstgradbefestigungen sind an diesem Kampfanzug scheinbar noch nicht angebracht worden. Der Hauptwachtmeister rechts im Bild trägt die Sommerdienstuniform (Drillichuniform/ Ausbildungsuniform) in der Trageweise Winter mit hochgeschlossenem Kragen und der Webpelzmütze für Wachtmeister und Unterführer. Abb.: W. Haß, Potsdam. 1)

Zur Zwischenlösung 1964/ 65 wurde ein hinter dem Kragen an vier kleinen Bakelitknöpfen anknöpfbarer Stahlhelmtarnbezug geschaffen, dessen Gesichtsschleier in einer Tasche ohne die bisher bei der Kapuzenserie bekannte zweifache Sicherungsknöpfung verstaut wurde. Hier wurde lediglich ein Spannband verarbeitet, dass ein Heraushängen des Netzes mehr schlecht als recht verhindern sollte. Erst beim KA 64 wurde der Schleier dann ohne Tasche nur mit zwei länglichen Knöpflaschen gesichert. Stahlhelmhaken wurden ab 1964 (Kragenserie) bis zum Ende der DDR an FD-Bekleidung nicht wieder verwendet.

Gemischte Trageweise der Flächentarn-Felddienstbekleidung im Winter hinter einem Sankra: Der Mann rechts im Bild im Kampfanzug der Zwischenlösung 1964/ 65 mit angeknöpfter Kapuze, die beiden Soldaten links und in der Mitte haben zu den Hosen der Zwischenlösung die Jacken der Kapuzenserie angezogen. Der Mann links nutzt den schlauchförmigen Kopfschützer, die so genannte „Oma" als Schaal, der Mann in der Mitte trägt vorschriftswidrig einen privaten Pullover. Zu beachten sind hier die Webpelzmützen, die grauen Strickhandschuhe für Soldaten und Unteroffiziere sowie die Filzstiefel, die sich seit dem 2. Weltkrieg kaum verändert haben. 1)

Die Hose von 1965 ähnelt ihren Vorgängermodellen der Kapuzenserie. Jedoch sind nun die D-Ringe für die Hosenträgerbefestigung im Inneren der Hose angebracht, die Beinverstellung erfolgt mittels Knöpflaschen und zwei serienmäßig angebrachten grau gekörnten Plasteknöpfen. Die seitlichen Durchgriffe für die unter dem Tarnanzug getragene Dienst-/ Drillichuniform sind hier noch vorhanden, diese fallen erst mit der Einführung des Kampfanzuges 64 weg. Die Beintaschen der Hose des Kampfanzuges der Zwischenlösung weisen die typische Blasebalg-Form auf, wie man sie eigentlich von Kampfanzughosen der NATO her kennt.

Das Kampfanzugmodell der Zwischenlösung wurde vermutlich überwiegend bei den Grenztruppen verwendet, mitunter finden sich auch MDI-gestempelte Stücke an. Ende 1961 wurde die Deutsche Grenzpolizei der DDR (MdI) in die Grenztruppen (MfNV) überführt, die MDI/ MdI-Stempelungen wurden teilweise für die Grenztruppen bis etwa 1965 beibehalten.

Stempelung auf der Hosentasche. Über der Größenangabe 52 m ist gut die innen angebrachte Lasche für den D-Ring zu erkennen.

_{Historische Originalbeschreibung der rechten Abb.: Heinz Keßler bei NVA-Truppenbesuch/ Zentralbild / MBD / Hoepner / 5.9.1968 / Besuch bei Truppenteilen der NVA In den ersten Tagen des Septembers besuchte der Stellvertreter des Ministers für Nationale Verteidigung und Chef des Hauptstabes, Generaloberst Heinz Keßler, Einheiten und Truppenteile der NVA, die an den gemeinsamen Handlungen der Bruderarmeen zum Schutze der sozialistischen Errungenschaften in der CSSR teilnehmen. Die Soldaten, Unteroffiziere und Offiziere versicherten Armeegeneral Heinz Hoffmann sowie den Kampfgenossen anderer Verbände und Truppenteile der NVA, daß sie den übertragenen Kampfauftrag in Ehren erfüllen werden. (Nur für Sperrarchiv) 2605/6 [MBD] Quelle Deutsches Bundesarchiv (German Federal Archive), Bild 183-2008-0118-503. Urheber: Hoepner. Namensnennung: Bundesarchiv, Bild 183-2008-0118-503. Lizenz: GNU-Lizenz für freie Dokumentation.}

Rechte Abb.: 05.09.1968: Im Süden der DDR stehen in den Bereitstellungsräumen der 11. MSD (Halle) und der 7. PD (Dresden) etwa 16.000 Mann der NVA für einen möglichen Einmarsch in die ČSSR zur Unterstützung der Niederschlagung des Prager Frühlings bereit. Dieses Bild zeigt, dass die seit 1965 begonnene Einführung von Felddienstbekleidung im Strichtarnmuster im Jahr 1968 auch bei taktischen Einheiten noch nicht flächendeckend abgeschlossen war. Nebeneinander werden hier uneinheitlich die bis 1964 im Flächendruck produzierten Jacken der Kapuzenserie als auch Jacken der Kragenserie ohne Brusttaschen getragen. Deutlich sind die aufgeschlauften feldgrauen Schulterklappen zu sehen. Diese Trageweise war ab dem 01.01.1965 für Felddienstbekleidung der DDR verbindlich. 3)

„Kampfanzug 64" Flächentarndruck 1965 mit Stahlhelmtarnbezug

Während die Produktion von Flächentarnbekleidung in der DDR mindestens bis 1971 fortgeführt wurde, begann man bei der NVA 1965 mit der Einführung des so genannten Kampfanzuges 64 im damals neuen Strichtarnmuster, dessen Erprobung bereits 1963 bei den Grenztruppen anlief. Dieser Kampfanzug wurde in den Jahren 1965 und 1966 in identischem Schnitt gleichlaufend sowohl im Flächendruck als auch im Strichtarnmuster hergestellt. Nähere Informationen siehe dort. Uniformstoff im Flächentarndruck wurde vermutlich noch bis 1967 hergestellt.

Der Kampfanzug 64 im Flächentarndruck ist mit Jacke, Hose und Stahlhelmtarnbezug komplett neuwertig und farbgleich erhalten geblieben. Er wirkt insgesamt dunkelgrau, der Stoff ist mit der leicht fettigen Imprägnierung überzogen. Der Anzug wurde nach 1990 der Mobilmachungsreserve der DDR entnommen und zeigt mit der an der oberen Ärmeltarnschlaufe angeknoteten Kapuze die damalige typische Auffindesituation. Der Kampfanzug 64 im Flächentarndruck ist der einzige Kampfanzug der Flächentarnreihe, der sowohl waagerechte Brusttaschen als auch eine (anknöpfbare) Kapuze aufweist.

Angehöriger der Grenztruppen trägt den Kampfanzug 64 im Flächentarndruck mit Koppel und Tragegestell in Lederausführung. Ausgerüstet ist der Soldat und Hundeführer mit der MPi KM (7,62 mm) mit geradem Mündungskompensator und dem recht hochwertigen EDF 7 x 40 von Carl Zeiss Jena. Bild: K. Kaulfersch, Berlin 1)

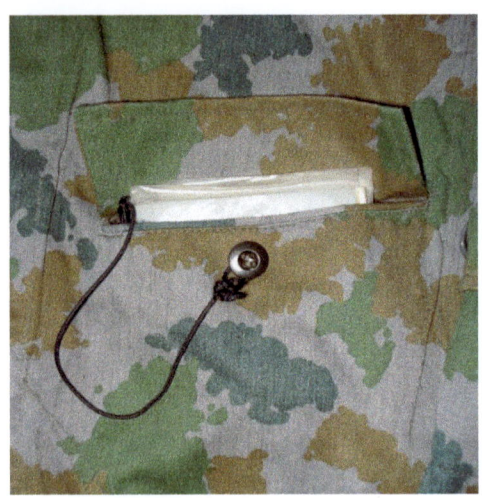

Markant für den Kampfanzug 64: Der jeweilige Einzelknopf der Brusttaschen. Die Brusttaschen des Kampfanzuges 64 weisen eine Tiefe von nur 12,5 cm auf, der Wehrdienstausweis kann gerade so verstaut werden. Die Brusttaschen der Nachfolgemodelle wurden dann auf etwa 15 cm vergrößert.

Während die Stahlhelmtarnbezüge des Kampfanzuges 64 nicht sehr passgerecht auf den M 56 aufgezogen werden konnten und optisch immer etwas schlampig wirken, passt der spätere, nicht mehr anknöpfbare Bezug deutlich besser.

Dieser Kontrollzettel war noch in der Pistolentasche vorhanden. Ein Merkmal von Felddienstbekleidung der Kragenserie aus der Mobilmachungsreserve sind die angerosteten Splintringe, die hier noch relativ gut erhalten geblieben sind. Alle grau gekörnten Knöpfe sind beim Kampfanzug 64 noch mit Splintringen gesichert. Seltsamerweise sind die Splintringe von Uniformstücken der Kapuzenserie aus der Mobilmachungsreserve nicht angerostet.

Taillen- und Bundverstellung. Rechts: Angeknöpfter Stahlhelmtarnbezug. Nach den Aussagen ehemaliger Soldaten war diese Trageweise sehr unbeliebt und ist nicht praktiziert worden. Dieser Umstand ist durchaus verständlich, neigt doch der Kragen bei angebrachter Kapuze ständig dazu, nach hinten und zu den Seiten wegzudrücken. Vermutlich mit ein Grund, die vier Knöpfe hinter dem Kragen der FD-Jacken ab etwa 1967 nicht weiter zu fertigen.

  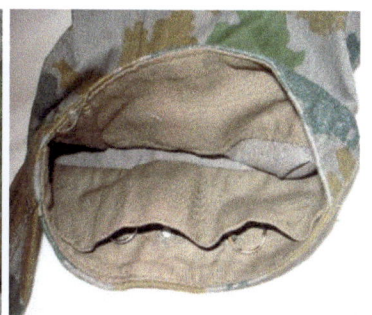

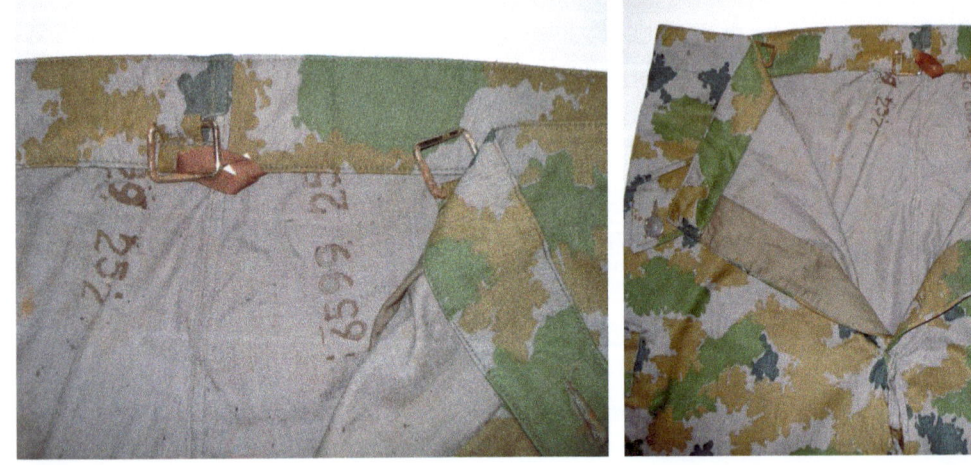

Seltsamerweise weisen die D-Ringe dieser Hose eine völlig andere Form auf. Auch diese sind nach 47 Jahren Liegezeit bereits angerostet.

Jacke und Hose mit identischer Stempelung.

Wie bei den Jacken der Kapuzenserie wurde auch hier im Inneren der Knöpfleiste Material geringerer Farbkraft verarbeitet.

„Kampfanzug 64 für Fallschirmjäger und Aufklärer" Flächentarndruck 1965 mit KM 66

(Kampfmesser KM 66 Sammlung W. Haß)

Die nachfolgenden Bilder zeigen den Kampfanzug 64 für Fallschirmjäger und Aufklärer im Flächendruck um 1965/ 1966. Die Jacke weist gegenüber dem Vorgängermodell nicht mehr die unteren Ärmeltaschen auf, die Hose ist mit nur noch einer Beintasche und nur mit der rechten Gesäßtasche ausgestattet. Neu an der Hose ist die äußere Aufnahmetasche für das Kampfmesser KM 66. Dieser Kampfanzug ist das Pendant zum gleich geschnittenen KA 64 für Fallschirmjäger und Aufklärer im Strichtarnmuster Typ 1.

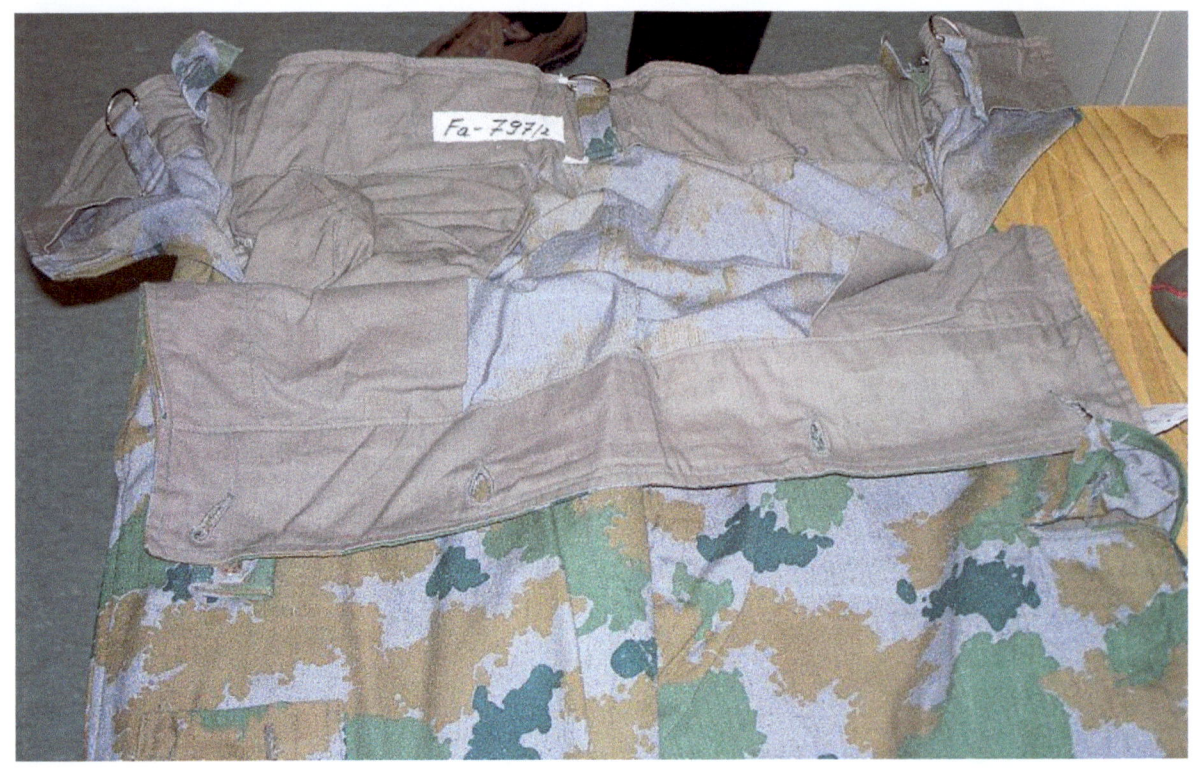

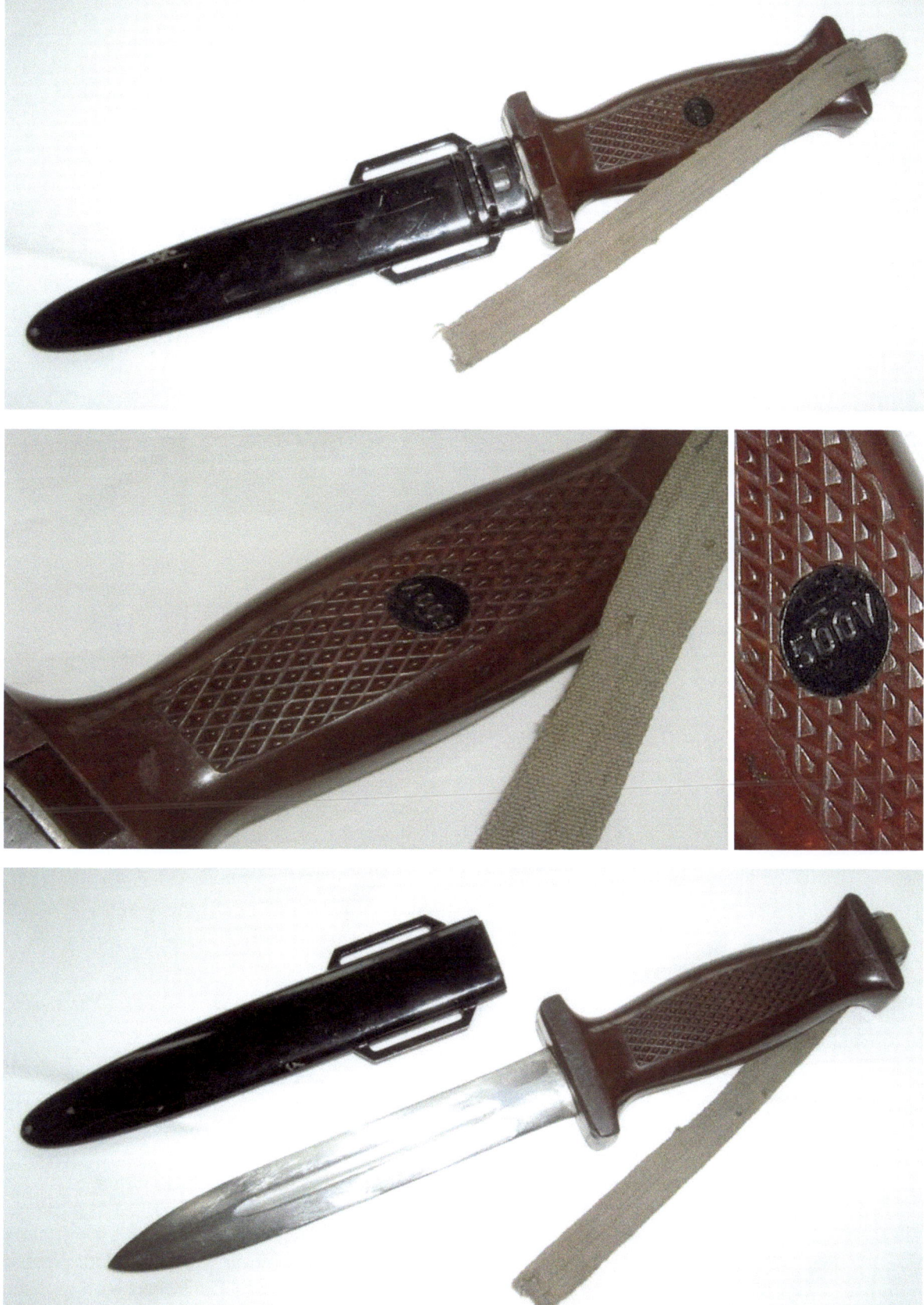

Am 01.07.1966 erfolgte gem. Ministerbefehl 108/ 64 die Einführung des Kampfmessers KM-66 für Aufklärer und springende Einheiten. Jedoch wurde nicht jeder FJ oder Aufklärer damit ausgestattet. Das Kürzel „500 V" steht für eine Verträglichkeit von Stromschlägen bis 500 Volt. Alle drei Abb.: W. Haß, Potsdam.   1)

Bild auf Seite 2: Eisenbahnbaupionierzug des Ausbildungsregimentes für Militärtransportwesen 13 Doberlug in der Felddienstbekleidung im Flächendruck 1960-64 etwa 1971 bei Gleisbauarbeiten. 1)

Bild auf Seite 9: Uniformstoff im Stricheldruck der ersten Generation auf sandgelbem Grund.

Bild auf Seite 120: Zugführer/ Kommandant, die Gruppenführer/ Kommandanten und die Kraftfahrer des 3. Zuges der 3. Kp. (SPW) der 20. Volkspolizei-Bereitschaft Potsdam in einer Ausbildungspause während der Lehrvorführung vor dem Minister des Innern und Chef der Deutschen Volkspolizei, Armeegeneral Friedrich Dickel, auf dem TÜP Belzig im Juni 1985.